Éditrice : Caty Bérubé

Directrice de production : Julie Doddridge

Chef d'équipe rédaction/révision : Isabelle Roy
Chef d'équipe infographie : Lise Lapierre
Chef cuisinier : Richard Houde

Coordonnatrice à l'édition : Chantal Côté
Auteurs : Caty Bérubé, Richard Houde et Annie Lavoie.
Réviseure : Raphaëlle Mercier-Tardif
Concepteurs graphiques : Julie Auclair, Paul Francœur, Marie-Christine Langlois,
Ariane Michaud-Gagnon et Claudia Renaud.
Infographiste Web et imprimés : Mélanie Duguay
Spécialiste en traitement d'images et calibration photo : Yves Vaillancourt
Photographes : Sabrina Belzil, Rémy Germain et Martin Houde.
Stylistes culinaires : Louise Bouchard et Christine Morin.

Directeur de la distribution : Marcel Bernatchez
Distribution : Éditions Pratico-Pratiques et Messageries ADP.

Impression : Solisco

Dépôt légal : 4e trimestre 2013
Bibliothèque et Archives nationales du Québec
Bibliothèque et Archives Canada
ISBN 978-2-89658-616-5

Gouvernement du Québec - Programme de crédit d'impôt pour l'édition de livres - Gestion SODEC

1685, boulevard Talbot, Québec (QC) G2N 0C6
Tél. : 418 877-0259. Sans frais : 1 866 882-0091
Téléc. : 418 849-4595
www.pratico-pratiques.com

Commentaires et suggestions : info@pratico-pratiques.com

Verrines

Totalement divines !

 Pratico pratiques

Table des matières

Mes plaisirs gourmands

Petits bijoux
en écrins de verre

Je me souviens du jour où j'ai découvert les verrines. C'était pendant un cocktail dînatoire, dans le cadre d'une activité professionnelle. À la vue du serveur qui s'approchait de moi avec un plateau garni de petits verres laissant transparaître diverses préparations culinaires colorées, j'ai été tout de suite charmée. Pas par le serveur, mais bien par le concept! Quelle belle idée, me suis-je dit, de servir de grands délices à petites doses. Pour moi qui aime goûter à tout, c'est la formule parfaite!

Depuis, beaucoup d'eau a coulé sous les ponts. Apanage des grands restos et des traiteurs, les verrines se sont démocratisées et sont devenues aussi populaires à la maison. Tellement qu'à un certain moment, tout le monde s'est mis à recevoir en formule cocktail (c'est souvent ce qui arrive lorsqu'une tendance émerge)!

Aujourd'hui, elles ont toujours la cote et se sont même intégrées à nos menus habituels. Chez moi, j'aime bien les servir en entrée ou en dessert. Ça fait changement et ça ajoute une petite touche chic aux plats moins *glam*. Avouez qu'un pouding chômeur servi en verrine prend aussitôt des airs plus raffinés! Comme porter des escarpins et des perles avec notre bon vieux jean…

Envie de transformer vos repas et réceptions en expériences gustatives hors du commun?

Ce livre contient tout ce qu'il vous faut pour y arriver. Servez-vous!

Irrésistibles verrines

Auparavant associées aux restos chics, les verrines se sont démocratisées et ont désormais trouvé une place de choix à la maison. À l'apéro autour de l'îlot, en guise d'entrée ou de dessert, ou pour une réception en mode cocktail, ces petits échantillons gourmands sont de mise en toute occasion.

Qui dit verrine dit contenant, mais aussi contenu. En effet, ce même mot désigne à la fois le petit récipient et la nourriture qu'il contient.

Le principe de ces petits délices? Mettre en valeur des préparations culinaires colorées et en faire exploser les saveurs en un minimum de bouchées! Salé, sucré, acidulé... tous les goûts sont permis, à condition de savoir bien les doser.

Le succès d'une verrine réside aussi dans la superposition des différentes couches d'aliments. Ces dernières donnent non seulement lieu à des contrastes visuels, mais elles permettent aussi de créer d'intéressants jeux de textures. Par exemple, on s'amusera à séparer deux couches onctueuses par une autre carrément croquante, ou vice-versa. Les possibilités sont innombrables, ce qui fait le charme indéniable de ces bijoux servis dans de petits écrins.

Voici quelques idées et astuces pour rendre les verrines aussi agréables à savourer qu'à préparer !

CONTENANTS ET USTENSILES

Les magasins spécialisés offrent une belle gamme de verrines. Toutefois, vous pouvez aussi mettre à profit les petits récipients qui se cachent dans vos armoires : verres à shooter, petites coupes à porto ou à champagne, mini-pots de type Mason, etc. Pour une réception avec plusieurs services de verrines, procurez-vous des contenants en plastique jetables (verres sur pied, flûtes, gobelets). Offerts à coût modique, ils vous éviteront des dépenses inutiles… et une immense corvée de vaisselle ! Et n'oubliez pas de vous procurer un nombre suffisant de petites cuillères. En plastique ou en bambou, on en trouve de toutes les formes et de toutes les couleurs. Une autre bonne façon d'ajouter du style à vos verrines !

POUR PERSONNALISER

Il existe mille et une façons de personnaliser vos verrines. Enjolivez les entrées d'un confit d'oignons, de crème sure, de wasabi ou même de caviar pour les grandes occasions ! Au dessert, du coulis de fruits maison, une crème anglaise ou tout simplement un filet de sirop d'érable complétera à merveille vos verrines. Et pourquoi ne pas jouer la carte du sucré-salé ? Mettez-y votre petite touche magique !

OUTILS

Pour monter vos verrines sans chichis, un minimum d'outils est requis. Afin de produire de parfaits étages avec des mousses, des crèmes et autres préparations onctueuses, la poche à pâtisserie est un *must*. Pour les textures plus liquides, comme une crème anglaise ou un sirop, on utilise plutôt une poire. On dépose les aliments coupés en petits cubes ou les préparations plus épaisses comme le tartare avec une cuillère à café. Si votre verrine est assez profonde, l'utilisation d'une cuillère à long manche est tout indiquée.

POUR ACCENTUER LES SAVEURS

Rien de tel que les aromates, les épices et les fines herbes pour rehausser le goût des verrines. Paprika, safran, cari, piment d'Espelette, gingembre, coriandre… autant de saveurs qui font voyager les papilles.

POUR AJOUTER DU CROQUANT

Pistaches, noix de Grenoble, pacanes, graines de citrouille, amandes effilées, noix de coco, chapelure panko, biscuits secs, céréales granola, bretzels ou gaufrettes émiettées… votre garde-manger déborde d'ingrédients que vous pouvez ajouter à vos préparations pour les rendre simplement craquantes.

Soupes et verrines à boire

Shooters ou verrines ?

Et s'il s'agissait d'un heureux

compromis entre les deux ?

De consistance plutôt liquide

et servis froids, ces délices

sans cuisson se dégustent

à petites gorgées…

et avec grand plaisir.

Originalité assurée !

Gaspacho ensoleillé

Préparation : **10 minutes** • Réfrigération : **2 heures** • Quantité : **12 verrines**

POUR LE GASPACHO :

2 poivrons jaunes

2 tomates jaunes épépinées

1 bulbe de fenouil

1 boîte de maïs
en crème de 398 ml

125 ml (½ tasse) d'eau

30 ml (2 c. à soupe)
de jus de citron

10 ml (2 c. à thé) de cari

Sel et poivre au goût

**POUR LA CRÈME
AUX FINES HERBES :**

125 ml (½ tasse)
de crème fraîche

15 ml (1 c. à soupe)
de menthe fraîche hachée

15 ml (1 c. à soupe) de
ciboulette fraîche hachée

Sel et poivre au goût

1. Couper grossièrement les légumes. Déposer dans le contenant du mélangeur électrique. Mélanger de 2 à 3 minutes, jusqu'à l'obtention d'une préparation onctueuse. Réfrigérer de 2 à 3 heures.

2. Dans un bol, mélanger les ingrédients de la crème aux fines herbes.

3. Répartir le gaspacho dans 12 verrines. Garnir chacune des portions d'une cuillérée de crème aux fines herbes.

J'aime avec...

Pailles au parmesan

Abaisser 250 g ($\frac{1}{2}$ lb) de pâte feuilletée en un rectangle de 25 cm x 15 cm (10 po x 6 po). Badigeonner la pâte avec 1 jaune d'œuf battu. Saupoudrer de 125 ml ($\frac{1}{2}$ tasse) de parmesan râpé et de 15 ml (1 c. à soupe) de thym frais haché. Saler et poivrer. Tailler 10 bandes de pâte de 1,5 cm ($\frac{2}{3}$ de po) de largeur. Tourner chaque bande de pâte sur elle-même afin de lui donner la forme d'une vrille. Cuire au four de 15 à 20 minutes à 180 °C (350 °F), jusqu'à ce les pailles soient dorées et croustillantes.

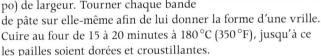

Shooters de gaspacho aux pétoncles

Préparation : **20 minutes** • Réfrigération : **1 heure** • Quantité : **12 verrines**

¼ de concombre

½ poivron jaune

½ branche de céleri

250 ml (1 tasse) de jus de légumes ou de cocktail de tomates et de palourdes (de type Clamato)

5 ml (1 c. à thé) de pesto aux tomates séchées

15 ml (1 c. à soupe) de ciboulette fraîche hachée

15 ml (1 c. à soupe) d'échalote sèche hachée

15 ml (1 c. à soupe) de jus de citron

30 ml (2 c. à soupe) d'huile d'olive

Sel et poivre au goût

5 pétoncles moyens (calibre 20/30)

Quelques branches de cœur de céleri

1. Couper les légumes en très petits dés. Déposer dans un bol. Ajouter le reste des ingrédients, à l'exception des pétoncles et des branches de cœur de céleri. Mélanger et réfrigérer 1 heure.

2. Couper les pétoncles en petits dés et les incorporer au gaspacho.

3. Répartir le gaspacho dans 12 verres de type shooter.

4. Décorer chacune des portions d'une petite branche de céleri. Réserver au frais jusqu'au moment de servir.

Le saviez-vous ?

On peut en faire une version alcoolisée

Il est possible de donner un petit air festif au shooter de gaspacho en y ajoutant 60 ml (¼ de tasse) de vodka ou de gin. Pour laisser aux saveurs le temps de se mélanger, préparer le gaspacho à l'avance et réserver au frais. Ajouter l'alcool et les pétoncles à la dernière minute.

Gaspacho andalou

Préparation : **20 minutes** • Réfrigération : **1 heure 30 minutes**
Quantité : **de 6 à 8 verrines**

1 tranche de pain
avec la croûte
(rassis, idéalement)
....
500 ml (2 tasses)
de jus de tomate
....
1 tomate
....
1 concombre, pelé
et épépiné
....
1 poivron rouge
....
1 gousse d'ail
....
15 ml (1 c. à soupe)
de vinaigre de vin rouge
ou de xérès
....
45 ml (3 c. à soupe)
d'huile d'olive
....
Sel et poivre au goût
....

POUR LA GARNITURE :

¼ d'oignon rouge
....
30 ml (2 c. à soupe) de
ciboulette fraîche hachée
....
Quelques feuilles de basilic
....

1. Tailler le pain en cubes. Déposer
dans un bol.

2. Verser le jus de tomate dans le bol.
Laisser imbiber le pain 30 minutes au frais.

3. Couper en morceaux la tomate, les trois
quarts du concombre, les trois quarts du
poivron rouge et l'ail. Déposer dans le
contenant du mélangeur. Ajouter le vinaigre, 30 ml (2 c. à soupe) d'huile d'olive,
le pain et le jus de tomate, le sel et le poivre.
Émulsionner de 30 à 40 secondes, jusqu'à
l'obtention d'une préparation homogène.
Réfrigérer de 1 à 3 heures.

4. Tailler en petits dés l'oignon rouge, le reste
du concombre et le reste du poivron rouge.
Déposer dans un bol. Mélanger avec la ciboulette et le reste de l'huile.

5. Répartir le gaspacho dans des verrines.
Garnir chacune des portions du mélange
de légumes en dés et d'une feuille de basilic.

Le saviez-vous ?

D'où vient le gaspacho ?

Puisant ses origines en Andalousie, dans le sud de l'Espagne,
ce potage est traditionnellement composé de tomates, de
concombres, de poivrons rouges, d'oignon, d'ail, de mie de
pain, d'eau et de vinaigre. Herbes fraîches et assaisonne-
ments peuvent être ajoutés pour en rehausser le goût. Fait de
légumes crus et servi froid, ce plat vitaminé et rafraîchissant
à souhait est tout indiqué pour les jours de canicule. Il se sert
très bien en verrine dans une formule cocktail !

Shooters d'avocat à la tequila

Préparation : **20 minutes** • Réfrigération : **1 heure** • Quantité : **12 verrines**

125 ml (½ tasse)
de yogourt nature
....
½ concombre anglais,
pelé et épépiné
....
1 avocat très mûr
....
250 ml (1 tasse)
de bouillon de légumes
....
15 ml (1 c. à soupe)
de jus de lime
....
30 ml (2 c. à soupe)
de tequila
....
15 ml (1 c. à soupe)
de menthe fraîche hachée
....
Sel et tabasco au goût
....

1. Dans le contenant du robot culinaire, mélanger les ingrédients jusqu'à l'obtention d'une consistance lisse et crémeuse. Si la préparation est trop consistante, diluer avec un peu de bouillon de légumes.

2. Répartir la préparation dans 12 verres à shooter ou à tequila.

3. Réfrigérer de 1 à 2 heures avant de servir.

J'aime parce que...
C'est original, des verres de glace !

Pour une présentation originale, versez la préparation dans des verres de glace. Pour fabriquer ceux-ci, il suffit de vous procurer des moules en silicone conçus à cet effet, de les remplir d'eau et de les mettre au congélateur. Pour ajouter une petite touche de couleur, ajoutez des feuilles de menthe ou des fleurs. Vos invités ne pourront que fondre de plaisir devant une si jolie présentation !

Gaspacho aux poivrons et tomates

Préparation : **10 minutes** • Réfrigération : **1 heure** • Quantité : **4 verrines**

1 concombre

4 tomates

2 poivrons rouges

1 branche de céleri

45 ml (3 c. à soupe)
de ciboulette fraîche
hachée

1 gousse d'ail hachée

30 ml (2 c. à soupe) de
vinaigre de vin rouge

330 ml (1 ⅓ tasse)
de jus de tomate

30 ml (2 c. à soupe)
de persil frais haché

15 ml (1 c. à soupe)
de sucre

Sel et poivre au goût

60 ml (¼ de tasse)
d'huile d'olive

30 ml (2 c. à soupe)
de cerfeuil frais haché

1. Peler et épépiner le concombre
et les tomates. Retirer les graines
des poivrons.

2. Couper grossièrement les légumes.

3. Déposer tous les ingrédients dans
le contenant du mélangeur, à l'exception
de l'huile d'olive et du cerfeuil. Émulsionner
jus-qu'à l'obtention d'une consistance lisse
en ajoutant l'huile d'olive graduellement.

4. Répartir le gaspacho dans quatre
petits verres.

5. Réfrigérer de 1 à 2 heures avant
de servir. Parsemer chaque portion
de cerfeuil.

Cappucino à la courge
et mousse de lait de coco

Préparation : **30 minutes** • Cuisson : **15 minutes** • Quantité : **12 verrines**

15 ml (1 c. à soupe)
d'huile d'olive
....
½ oignon haché
....
5 ml (1 c. à thé)
d'ail haché
....
500 ml (2 tasses) de
courge Butternut coupée
en dés (environ 1 courge)
....
500 ml (2 tasses) de
bouillon de poulet
....
Sel et poivre au goût
....
125 ml (½ tasse)
de lait de coco
....
2,5 ml (½ c. à thé)
de cannelle
....

1. Dans une casserole, chauffer
l'huile à feu moyen. Saisir l'oignon
et l'ail de 1 à 2 minutes.

2. Ajouter la courge et cuire
de 4 à 5 minutes.

3. Verser le bouillon et porter à
ébullition. Assaisonner, couvrir
et cuire 15 minutes, jusqu'à ce
que la courge soit tendre.

4. Transférer la préparation dans
le contenant du mélangeur et émulsionner jusqu'à l'obtention d'une
consistance lisse. Remettre dans
la casserole et réserver au chaud.

5. À l'aide du mélangeur électrique,
d'un mélangeur plongeur ou de
la buse vapeur d'une machine à
espresso, faire mousser le lait
de coco.

6. Répartir la préparation à la
courge dans 12 petites tasses ou
verres à porto. Garnir chacune des
portions de mousse de lait de coco
et d'une pincée de cannelle. Servir
chaud.

Soupe aux fraises épicées

Préparation : 20 minutes • Réfrigération : **1 heure** • Quantité : **4 verrines**

750 ml (3 tasses)
de fraises équeutées
·······
30 ml (2 c. à soupe)
d'huile d'olive
·······
30 ml (2 c. à soupe)
d'échalotes sèches
hachées
·······
5 ml (1 c. à thé) de poivre
·······
30 ml (2 c. à soupe)
de vinaigre balsamique
·······
¼ de melon d'eau
·······
125 ml (½ tasse)
de vin rouge
·······

1. Couper la moitié des fraises en dés. Déposer dans un bol. Ajouter l'huile, les échalotes et le poivre. Laisser macérer 1 heure au frais.

2. Dans le récipient du robot culinaire, émultionner le reste des fraises avec le vinaigre, le melon et le vin. Réfrigérer 1 heure.

3. Au moment de servir, mélanger les deux préparations. Répartir dans des coupes préalablement refroidies.

Crème au concombre et lait de coco

Préparation : **15 minutes** • Réfrigération : **1 heure** • Quantité : **de 4 à 6 verrines**

2 concombres anglais
....
1 boîte de lait de coco
de 400 ml
....
1 bûchette de chèvre
(de type Capriny)
de 200 g
....
30 ml (2 c. à soupe)
d'huile d'olive
....
1 citron (jus)
....
Sel et poivre au goût
....
15 ml (1 c. à soupe)
de ciboulette fraîche
hachée
....
4 à 6 feuilles
de menthe
....

1. Peler les concombres et les couper en deux sur la longueur. Épépiner à l'aide d'une cuillère et couper en morceaux.

2. À l'aide du mélangeur, émulsionner le lait de coco avec le fromage de chèvre. Incorporer progressivement et en alternance les concombres, l'huile et le jus du citron. Mélanger jusqu'à l'obtention d'une consistance lisse.

3. Incorporer le sel, le poivre et la ciboulette.

4. Réfrigérer 1 heure avant de servir. Décorer chacune des portions d'une feuille de menthe.

Antipastis et entrées festives

Fromages, légumes, fruits, volaille, poisson, charcuteries et aromates se mélangent dans des verrines pour provoquer une explosion de saveurs dans nos bouches ! Débordante de couleurs, cette sélection d'antipastis et d'entrées saura à coup sûr donner une teinte festive à votre réception.

Verrines express de bocconcinis à l'italienne

Préparation : **15 minutes** • Quantité : **12 verrines**

125 ml (½ tasse) de mayonnaise
......
30 ml (2 c. à soupe) de pesto
......
12 tomates raisins ou cerises
......
12 feuilles de basilic
......
12 mini-bocconcinis
......

1. Dans un bol, fouetter la mayonnaise avec le pesto. Répartir dans 12 verrines.

2. Assembler 12 mini-brochettes en piquant une tomate, une feuille de basilic et un bocconcini sur chacune d'elles. Déposer les mini-brochettes dans les verrines. Réserver au frais jusqu'au moment de servir.

Le saviez-vous ?

Comment conserver le basilic ?

Pour prolonger la fraîcheur des feuilles de basilic frais, il est recommandé de les réfrigérer entre deux feuilles de papier absorbant légèrement humidifiées. Éviter de les placer dans un sac de plastique ; cela aurait pour effet de les faire noircir. Pour les conserver encore plus longtemps, broyer les feuilles au robot avec de l'huile d'olive. Lorsque le mélange aura la consistance d'une pâte, mettre dans un moule à glaçons au congélateur. Une fois gelés, transférer les cubes de basilic dans un sac de congélation.

Confit de canard au porto et à la patate douce

Préparation : **25 minutes** • Cuisson : **15 minutes** • Quantité : **12 verrines**

POUR LA PURÉE
DE PATATES DOUCES :

2 patates douces

Sel et poivre au goût

POUR LE CONFIT
DE CANARD AU PORTO :

3 cuisses de canard confites
de 150 g (⅓ de lb) chacune

15 ml (1 c. à soupe)
de persil frais haché

30 ml (2 c. à soupe)
de porto rouge

30 ml (2 c. à soupe) de
ciboulette fraîche hachée

POUR LA GARNITURE :

125 ml (½ tasse) de confit
d'oignons (voir recette
ci-dessous)

1. Peler et couper les patates douces en cubes. Déposer dans une casserole et couvrir d'eau froide. Porter à ébullition et cuire de 15 à 20 minutes, jusqu'à ce qu'elles soient tendres. Égoutter. Écraser à l'aide d'un presse-purée et assaisonner.

2. Pendant la cuisson des patates douces, chauffer les cuisses de canard 2 minutes au micro-ondes à puissance élevée. Laisser tiédir et effilocher la chair. Déposer dans un bol.

3. Incorporer le persil et le porto.

4. Répartir la préparation dans 12 verrines. Garnir chaque portion de purée de patates douces, puis parsemer de ciboulette. Décorer d'un soupçon de confit d'oignons.

J'aime avec...

Confit d'oignons

Dans une casserole, porter à ébullition 375 ml (1 ½ tasse) de sucre avec 60 ml (¼ de tasse) de jus d'orange, 30 ml (2 c. à soupe) de vinaigre et 15 ml (1 c. à soupe) d'huile d'olive. Saler et poivrer. Ajouter 1 litre (4 tasses) d'oignons rouges émincés et cuire 15 minutes à feu doux-moyen. Retirer du feu, laisser tiédir, puis réserver au frais dans un contenant hermétique jusqu'au moment de servir. Pour varier, ajouter 2 pommes ou 2 poires taillées en dés 10 minutes avant la fin de la cuisson.

Étagé de saumon fumé et julienne de concombre

Préparation : **30 minutes** • Quantité : **12 verrines**

2 paquets de saumon fumé de 120 g chacun

½ concombre anglais

45 ml (3 c. à soupe) d'huile d'olive

15 ml (1 c. à soupe) de jus de citron

30 ml (2 c. à soupe) d'aneth frais haché

Sel et poivre au goût

125 ml (½ tasse) de crème sure

15 ml (1 c. à soupe) de ciboulette fraîche hachée

Quelques tiges d'aneth

1. Tailler le saumon en dés. Râper finement le concombre ou le trancher en julienne à l'aide d'une mandoline. Déposer les dés de saumon dans un bol et la julienne de concombre dans un autre.

2. Dans un contenant à bec verseur (une tasse à mesurer, par exemple), mélanger l'huile avec le jus de citron, l'aneth et l'assaisonnement.

3. Verser la moitié de la vinaigrette sur le saumon et l'autre moitié sur le concombre, puis mélanger chacune des préparations.

4. Dans un troisième bol, mélanger la crème sure avec la ciboulette. Assaisonner.

5. Répartir la préparation au saumon dans 12 verrines. Couvrir du mélange de crème sure puis du mélange de concombres. Décorer chacune des portions d'une tige d'aneth.

Le saviez-vous ?

Ça se prépare à l'avance !

Rien de plus simple pour passer plus de temps avec vos convives ! La veille, tailler le saumon en dés et le concombre en julienne (étape 1). Préparer la vinaigrette (étape 2) et la crème sure parfumée (étape 4). Réserver les préparations au frais dans des contenants hermétiques. Au moment de servir, mélanger la vinaigrette avec le saumon et le concombre (étape 3). Dresser et décorer les verrines (étapes 5 et 6).

Melon d'eau et concombre à la grecque

Préparation : **20 minutes** • Quantité : **12 verrines**

1 concombre
....
1 petit oignon rouge
....
500 ml (2 tasses) de
melon d'eau taillé en dés
....
100 g de feta émiettée
....
12 feuilles de menthe
....

POUR LA VINAIGRETTE :

45 ml (3 c. à soupe)
d'huile d'olive
....
15 ml (1 c. à soupe)
de jus de citron
....
10 ml (2 c. à thé) de miel
....
Sel et poivre au goût
....

1. Dans un saladier, mélanger les ingrédients de la vinaigrette.

2. Émincer finement le concombre et l'oignon rouge. Réserver quelques rondelles d'oignon rouge pour décorer. Déposer le reste de l'oignon rouge dans le saladier. Ajouter le melon et la feta. Remuer délicatement.

3. Répartir les tranches de concombre au fond des verrines, puis couvrir du mélange de melon et de feta. Décorer chacune des verrines de rondelles d'oignon et d'une feuille de menthe.

J'aime avec...

Mini-brochettes de bocconcinis et de saucisson calabrese

Mélanger 45 ml (3 c. à soupe) d'huile d'olive avec 15 ml (1 c. à soupe) d'aneth frais haché et 10 ml (2 c. à thé) de zestes de citron. Saler et poivrer. Préparer 12 mini-brochettes en piquant un bocconcini, deux tranches de saucisson calabrese repliées en accordéon et un second bocconcini sur chacune d'elles. Napper les brochettes d'huile parfumée.

Verrines de cantaloup et prosciutto

Préparation : 25 minutes • Marinage : 20 minutes • Cuisson : 4 minutes
Quantité : 4 verrines

24 tomates cerises

1 cantaloup

125 ml (½ tasse) de
menthe fraîche hachée

250 g de fromage
à griller (de type Doré-mi)

6 tranches de prosciutto

POUR LA VINAIGRETTE :

Sel au goût

30 ml (2 c. à soupe)
de vinaigre balsamique

60 ml (¼ de tasse)
d'huile d'olive

15 ml (1 c. à soupe)
de miel

15 ml (1 c. à soupe)
de jus de citron

1. Dans un bol, dissoudre le
sel dans le vinaigre balsamique.
Incorporer l'huile d'olive, le miel
et le jus de citron. Réserver.

2. Inciser les extrémités des
tomates puis les déposer dans
le bol contenant la vinaigrette.

3. À l'aide d'une cuillère parisienne, prélever des perles dans le
cantaloup. Dans le bol contenant
la vinaigrette, déposer les perles
avec la moitié de la menthe. Laisser mariner 20 minutes au frais.

4. Couper le fromage à griller en
huit tranches sur la largeur. Dans
une poêle, cuire les tranches de
fromage 2 minutes de chaque côté
à feu moyen-élevé. Déposer sur
un papier absorbant.

5. Couper les tranches de prosciutto sur la largeur et les
tranches de fromage en cubes.

6. Dans quatre verrines, répartir
le mélange de cantaloup, la vinaigrette, le prosciutto et les cubes
de fromage. Parsemer de menthe.

Velouté au fromage, salsa de pommes et chips de canard

Préparation : **25 minutes** • Quantité : **12 verrines**

12 tranches
de canard fumé

**POUR LA SALSA
DE POMMES :**

2 pommes vertes

45 ml (3 c. à soupe)
de sirop d'érable

15 ml (1 c. à soupe)
de basilic frais émincé

10 ml (2 c. à thé)
de gingembre

Sel et poivre au goût

**POUR LE VELOUTÉ
AU FROMAGE :**

200 g de fromage de
chèvre (de type Capriny)

80 ml (⅓ de tasse) de
crème champêtre 35 %

15 ml (1 c. à soupe)
d'huile d'olive

1. Déposer les tranches de canard dans une assiette. Couvrir d'un papier absorbant et cuire au micro-ondes de 1 à 2 minutes à puissance élevée, jusqu'à ce que les tranches soient croustillantes. Laisser tiédir.

2. Peler et couper les pommes en dés. Déposer dans un bol allant au micro-ondes. Incorporer le reste des ingrédients de la salsa. Cuire au micro-ondes à puissance élevée de 1 à 2 minutes, jusqu'à ce que les pommes soient tendres mais encore croquantes. Laisser tiédir.

3. Dans le contenant du robot culinaire, mélanger les ingrédients du velouté au fromage, jusqu'à l'obtention d'une consistance crémeuse.

4. Répartir la préparation dans 12 verrines. Garnir chaque portion de salsa de pommes et d'une chip de canard.

Effiloché de canard et confit de carottes au gingembre

Préparation : **30 minutes** • Cuisson : **15 minutes** • Quantité : **12 verrines**

12 croûtons de pain grillé

POUR LE CONFIT DE CAROTTES :

3 carottes râpées

80 ml (⅓ de tasse) de miel

60 ml (¼ de tasse) de vin blanc sec

30 ml (2 c. à soupe) de raisins de Corinthe

15 ml (1 c. à soupe) de gingembre haché

15 ml (1 c. à soupe) de jus de citron

Sel et poivre au goût

POUR L'EFFILOCHÉ DE CANARD :

2 cuisses de canard confites de 150 g (⅓ de lb) chacune

1 oignon vert émincé

15 ml (1 c. à soupe) de persil frais haché

1. Dans une casserole, mélanger les ingrédients du confit de carottes. Laisser mijoter à feu moyen de 15 à 18 minutes, jusqu'à l'obtention d'une consistance sirupeuse. Retirer du feu et laisser tiédir.

2. Effilocher la chair des cuisses de canard. Dans un bol, mélanger le canard avec l'oignon vert et le persil.

3. Répartir le confit de carottes dans 12 verrines. Couvrir de la préparation au canard. Réserver au frais jusqu'au moment de servir, pour un maximum de 2 à 3 heures.

4. Au moment de servir, déposer un croûton sur chaque verrine.

Antipasto à l'italienne

Préparation : **20 minutes** • Quantité : **12 verrines**

POUR LA VINAIGRETTE :

60 ml (¼ de tasse)
d'huile d'olive
·······
30 ml (2 c. à soupe)
de basilic frais émincé
·······
15 ml (1 c. à soupe)
de vinaigre balsamique
·······
15 ml (1 c. à soupe)
d'échalote sèche
hachée
·······
Sel et poivre au goût
·······

POUR L'ANTIPASTO :

250 ml (1 tasse)
de tomates raisins
·······
1 courgette
·······
125 ml (½ tasse) de
perles de bocconcini,
égouttées
·······
80 ml (⅓ de tasse) de
poivrons grillés émincés
·······
30 ml (2 c. à soupe)
d'olives noires hachées
·······
60 ml (¼ de tasse)
de parmesan râpé
·······

1. Dans un grand bol, fouetter les ingrédients de la vinaigrette.

2. Couper les tomates raisins en deux et tailler la courgette en dés.

3. Déposer les légumes dans le bol. Incorporer les perles de bocconcini, les poivrons grillés et les olives.

4. Répartir la préparation dans 12 verrines. Saupoudrer chacune des portions de parmesan.

Mousses et trempettes exquises

Légèreté et onctuosité
sont à l'honneur dans cette
section consacrée aux
mousses et trempettes.
Dégustées avec de petits
bâtonnets de légumes,
des tortillas ou des craquelins
bien craquants, ces verrines
feront bonne figure en
ouverture de votre cocktail
dînatoire ou à l'apéro.

Mousse de poireaux aux pointes d'asperges

Préparation : **15 minutes** • Cuisson : **5 minutes** • Quantité : **4 verrines**

15 ml (1 c. à soupe) d'huile d'olive
....
45 ml (3 c. à soupe) d'échalotes sèches hachées
....
5 ml (1 c. à soupe) de cari
....
1 sac de poireaux tranchés de 250 g
....
16 petites asperges
....
1 contenant de fromage à la crème de 250 g
....

1. Dans une poêle, chauffer l'huile à feu moyen. Saisir les échalotes 1 minute.

2. Ajouter le cari et les poireaux tranchés. Cuire à feu doux-moyen de 5 à 7 minutes, jusqu'à ce que les poireaux soient tendres. Laisser tiédir.

3. Dans une casserole d'eau bouillante salée, faire blanchir les asperges 3 minutes. Égoutter. Réserver les pointes des asperges et émincer le reste.

4. Dans le contenant du robot culinaire, mélanger les poireaux avec le fromage à la crème et les asperges émincées, jusqu'à l'obtention d'une préparation onctueuse. Saler et poivrer.

5. Répartir la préparation dans quatre verrines et décorer chacune des portions avec les pointes d'asperges réservées.

J'aime avec...

Croûtons à l'huile parfumée

Mélanger 30 ml (2 c. à soupe) d'huile d'olive avec 10 ml (2 c. à thé) d'épices italiennes et 15 ml (1 c. à soupe) de parmesan râpé. Badigeonner 8 tranches de pain baguette avec la préparation et faire dorer au four à la position « gril » (*broil*) de 2 à 3 minutes.

Mousse de saumon fumé étagée

Préparation : **15 minutes** • Quantité : **12 verrines**

½ pain baguette

1 paquet de saumon
fumé de 70 g

1 contenant de fromage
à la crème au saumon fumé
de 250 g, ramolli

30 ml (2 c. à soupe)
de sauce chili

125 ml (½ tasse)
de crème sure

30 ml (2 c. à soupe)
d'aneth frais haché

Sel et poivre au goût

12 tiges d'aneth pour décorer

1. Préchauffer le four à la position
« gril » (*broil*).

2. Couper en biseau 12 tranches de pain
baguette afin d'obtenir des croûtons
de forme allongée. Déposer les tranches
sur une plaque de cuisson et faire griller
au four de 1 à 2 minutes.

3. Couper le saumon fumé en dés.

4. Dans un bol, mélanger le fromage
à la crème avec la sauce chili. Répartir
dans 12 verrines.

5. Dans un autre bol, fouetter la crème sure
avec l'aneth et l'assaisonnement. Répartir
dans les verrines. Garnir chacune des portions de dés de saumon fumé et d'une tige
d'aneth. Servir avec les croûtons.

Le saviez-vous ?

Comment conserver l'aneth

Pour conserver cette herbe au feuillage délicat, il est conseillé
de la ranger dans le bac à légumes du réfrigérateur, dans un
sac de plastique. Elle se gardera ainsi quelques jours. Une
autre option consiste à mettre ses tiges dans un verre d'eau,
au frigo. Pour une conservation à plus long terme, il suffit
de hacher finement l'aneth et de le déposer dans des bacs
à glaçons avec un peu d'eau. Une fois les cubes congelés,
il suffit de les transférer dans un sac de congélation. Vous
aurez ainsi de l'aneth frais à longueur d'année !

Mousse de tomates et crème citronnée

Préparation : **30 minutes** • Réfrigération : **1 heure** • Quantité : **12 verrines**

POUR LA MOUSSE DE TOMATES :

1 sachet de gélatine
sans saveur de 7 g
....
60 ml (¼ de tasse) d'eau
....
5 tomates italiennes épépinées
....
80 ml (⅓ de tasse) de crème
champêtre 15 %
....
30 ml (2 c. à soupe) de pesto
aux tomates séchées
....
15 ml (1 c. à soupe)
de basilic frais émincé
....
Sel et poivre au goût
....

POUR LA CRÈME CITRONNÉE :

125 ml (½ tasse) de crème sure
....
10 ml (2 c. à thé) de zestes
de citron
....

POUR DÉCORER :

6 tomates cerises
coupées en deux
....
12 feuilles de basilic
....

1. Dans un bol, mélanger l'eau avec la gélatine et laisser gonfler 5 minutes.

2. Dans le contenant du mélangeur électrique, émulsionner les tomates avec la crème, le pesto, le basilic et l'assaisonnement.

3. Chauffer la gélatine 45 secondes au micro-ondes puis incorporer à la préparation en mélangeant quelques secondes.

4. Préparer un ou deux contenants munis d'une paroi assez haute afin que les verrines puissent être maintenues en angle. Tenir une verrine légèrement inclinée et y verser la préparation. Déposer la verrine en oblique dans le contenant. Répéter pour le reste des verrines. Réfrigérer de 1 à 2 heures, jusqu'à ce que la mousse de tomates soit figée.

5. Lorsque la préparation est figée, mélanger dans un bol la crème sure avec les zestes de citron. Assaisonner.

6. Répartir dans les verrines. Décorer chaque portion d'une demi-tomate cerise et d'une feuille de basilic.

J'aime parce que...
Ça se prépare à l'avance !

Cette recette originale est non seulement délicieuse, mais elle présente aussi l'avantage de pouvoir être préparée à l'avance. La veille du repas, préparez la mousse de tomates et laissez-la figer dans les verrines (étapes 1 à 4). Préparez également la crème citronnée et réservez-la au frais (étape 5). Au moment du repas, il ne vous restera plus qu'à répartir la crème citronnée dans les verrines et à les décorer (étape 6).

Saumon fumé, crème citron-pavot et caramel balsamique

Préparation : **15 minutes** • Cuisson : **8 minutes** • Quantité : **12 verrines**

1 paquet de saumon fumé
de 140 g
....
1 contenant de pousses (tournesol,
oignon, pois mange-tout,
brocoli...) de 100 g
....

POUR LE CARAMEL
BALSAMIQUE :

125 ml (½ tasse) de vinaigre
balsamique
....
80 ml (⅓ de tasse) de sucre
....

POUR LA CRÈME
CITRON-PAVOT :

180 ml (¾ de tasse)
de crème sure
....
30 ml (2 c. à soupe)
d'aneth frais haché
....
10 ml (2 c. à thé)
de zestes de citron
....
5 ml (1 c. à thé)
de graines de pavot
....
Sel et poivre au goût
....

1. Dans une casserole, mélanger le vinaigre balsamique avec le sucre. Porter à ébullition à feu doux-moyen et laisser mijoter de 8 à 10 minutes, jusqu'à l'obtention d'un sirop. Retirer du feu et laisser tiédir à température ambiante.

2. Dans un bol, mélanger les ingrédients de la crème citron-pavot. Répartir la préparation dans 12 verrines.

3. Façonner des rosaces avec les tranches de saumon puis les déposer délicatement dans les verrines. Réserver au frais.

4. Au moment de servir, décorer chacune des verrines de caramel balsamique et de pousses.

Le saviez-vous ?

Des pousses pour tous les goûts

Vous souhaitez ajouter une touche de chic à vos plats ? Pensez aux pousses ! Longtemps qualifiées de « grano », les pousses ont maintenant une image plus raffinée. À preuve, plusieurs chefs les mettent en vedette dans leurs assiettes. Luzerne, tournesol, pois mange-tout, maïs, oignon et radis... vous avez l'embarras du choix ! Pour avoir une idée de leur goût, rappelez-vous que ce dernier évoque la saveur du légume à maturité. Ainsi, une pousse de maïs aura une saveur douce et sucrée alors qu'une pousse de radis produira un effet plutôt piquant.

Trempette à nachos cinq étages

Préparation : **35 minutes** • Quantité : **12 verrines**

3 tomates italiennes

2 avocats

30 ml (2 c. à soupe) de jus de lime

2 à 3 pincées de chipotle

15 ml (1 c. à soupe) de coriandre fraîche hachée

Sel au goût

1 boîte de haricots sautés (de type Old El Paso) de 398 ml

375 ml (1 ½ tasse) de cheddar jaune râpé

125 ml (½ tasse) de crème sure

1 oignon vert émincé

1 sac de nachos

1. Trancher les tomates en deux. Épépiner et couper en petits dés.

2. Dans une assiette creuse, écraser la chair des avocats et mélanger avec le jus de lime. Incorporer le chipotle, la coriandre et le sel.

3. Répartir la purée de haricots dans 12 verrines. Couvrir de couches successives de fromage râpé, de purée d'avocats et de crème sure. Garnir de dés de tomates et d'oignon vert. Réserver au frais jusqu'au moment de servir, pour un maximum de 2 à 3 heures.

4. Au moment de servir, déposer un nacho dans chaque verrine. Servir le reste des nachos dans un bol.

Saumon fumé et mousse de fromage à la crème

Préparation : 30 minutes • Quantité : 12 verrines

2 paquets de saumon fumé de 140 g chacun

2 contenants de fromage fouetté à la crème nature de 150 g chacun

80 ml (⅓ de tasse) de mayonnaise

10 ml (2 c. à thé) de jus de citron

45 ml (3 c. à soupe) d'aneth frais haché

Poivre au goût

30 ml (2 c. à soupe) d'huile d'olive

125 ml (½ tasse) de crème sure

10 ml (2 c. à thé) de zestes de citron

60 ml (¼ de tasse) d'œufs de saumon ou de truite

3 tranches de citron coupées en quatre

1. Dans le contenant du robot culinaire, déposer la moitié du saumon fumé avec le fromage à la crème, la mayonnaise, le jus de citron, la moitié de l'aneth et le poivre. Mélanger jusqu'à l'obtention d'une préparation onctueuse. Répartir le mélange dans 12 verrines.

2. Couper le reste du saumon en dés. Déposer dans un bol et mélanger avec l'huile et le reste de l'aneth. Répartir dans les verrines.

3. Dans un autre bol, mélanger la crème sure avec les zestes. Poivrer. Garnir chacune des portions de ce mélange.

4. Décorer d'œufs de poisson et d'un quartier de citron.

Duo de trempettes étagées

Préparation : **20 minutes** • Quantité : **12 verrines**

POUR LA TREMPETTE LIMETTE :

½ boîte de lait
de coco de 400 ml
....
½ paquet de fromage à la
crème de 250 g, ramolli
....
15 ml (1 c. à soupe)
de jus de lime
....
5 ml (1 c. à thé)
de curcuma
....
5 ml (1 c. à thé) d'ail haché
....
5 ml (1 c. à thé) de cari
....
Sel et poivre au goût
....

POUR LA TREMPETTE ROSÉE :

125 ml (½ tasse)
de mayonnaise
....
125 ml (½ tasse)
de crème sure
....
15 ml (1 c. à soupe)
de pesto aux tomates
séchées
....
15 ml (1 c. à soupe)
de jus de citron
....
Sel et poivre au goût
....

POUR LES LÉGUMES :

20 pois mange-tout
....
3 à 4 carottes
....
2 à 3 poivrons
....
2 à 3 branches de céleri
....
1 concombre anglais
....

1. Dans le contenant du robot culinaire, mélanger les ingrédients de la trempette limette jusqu'à l'obtention d'une consistance homogène. Réserver au frais.

2. Préparer la trempette rosée en mélangeant les ingrédients dans un bol ou à l'aide du robot culinaire.

3. Verser une petite quantité de trempette rosée dans 12 verrines. Couvrir de l'autre trempette en procédant délicatement afin qu'elle ne se mélange pas à la première. Réserver au frais.

4. Tailler les légumes en bâtonnets. Au moment de servir, disposer quelques bâtonnets de légumes de couleurs différentes dans chaque verrines. Présenter le reste des légumes dans une assiette de service.

Verrines mexicaines à l'avocat

Préparation : **15 minutes** • Quantité : **12 verrines**

POUR LA MOUSSE D'AVOCATS :

2 avocats
....
30 ml (2 c. à soupe) de coriandre fraîche hachée
....
15 ml (1 c. à soupe) de crème sure
....
15 ml (1 c. à soupe) de jus de lime
....
Tabasco au goût
....
Sel au goût
....

POUR GARNIR :

80 ml (⅓ de tasse) de crème sure
....
80 ml (⅓ de tasse) de cheddar jaune râpé
....
Nachos au choix
....

1. Dans le contenant du robot culinaire, déposer les ingrédients de la mousse d'avocats. Mélanger jusqu'à l'obtention d'une consistance homogène. Rectifier l'assaisonnement au besoin.

2. Répartir la mousse dans 12 verrines. Garnir chacune des portions de crème sure et de cheddar. Servir avec les nachos.

Trempette au crabe

Préparation : **25 minutes** • Quantité : **12 verrines**

POUR LA TREMPETTE :

1 contenant de fromage
à la crème de 250 g,
ramolli

1 paquet de chair de
crabe surgelée de 200 g,
décongelée et égouttée

60 ml (¼ de tasse)
de yogourt nature

30 ml (2 c. à soupe)
de ketchup

15 ml (1 c. à soupe)
de jus de lime

15 ml (1 c. à soupe) de
coriandre fraîche hachée

Sel et poivre au goût

POUR ACCOMPAGNER :

12 bâtonnets de poivron
jaune

12 bâtonnets de carotte

12 bâtonnets de céleri

12 à 24 bâtonnets de pain
salé (de type grissinis
ou Fins au blé Stix)

1. Dans le contenant du robot culinaire,
déposer les ingrédients de la trempette.
Mélanger jusqu'à l'obtention d'une consistance homogène. Répartir la trempette
dans 12 verrines.

2. Ajouter 3 bâtonnets de légumes variés
dans chaque verrine. Servir avec les
bâtonnets de pains.

Trempette aux deux poivrons grillés

Préparation : **15 minutes** • Quantité : **8 verrines**

2 contenants de poivrons doux rouges et jaunes grillés (de type Sardo) de 250 ml chacun

80 ml (⅓ de tasse) de yogourt nature 10 %

125 ml (½ tasse) de crème sure

5 ml (1 c. à thé) de cari

125 ml (½ tasse) de crème à fouetter 35 %

15 ml (1 c. à soupe) de ciboulette fraîche hachée

15 ml (1 c. à soupe) d'aneth frais haché

Sel et poivre au goût

1. Égoutter les poivrons et séparer les rouges des jaunes.

2. Dans le contenant du robot culinaire, mélanger les poivrons rouges avec le yogourt. Répartir dans huit ramequins.

3. Nettoyer le contenant du robot culinaire. Mélanger les poivrons jaunes avec la crème sure et le cari. Répartir dans les verrines.

4. À l'aide d'un batteur électrique, fouetter la crème à haute vitesse jusqu'à l'obtention de pics fermes. Incorporer les fines herbes et l'assaisonnement à la crème fouettée en pliant délicatement la préparation à l'aide d'une spatule.

5. Garnir les verrines d'une cuillérée de crème fouettée. Réserver au frais jusqu'au moment de servir.

Mini salades, maxi effet

Grande bouffée de fraîcheur

avec ces salades en mini-

portions! Mettant en valeur

un ingénieux mélange

de saveurs acidulées, sucrées

et salées ainsi qu'une riche

combinaison de couleurs,

elles sauront titiller

l'appétit de vos invités.

Taboulé vitaminé

Préparation : **25 minutes** • Quantité : **4 verrines**

250 ml (1 tasse) de couscous
....
15 ml (1 c. à soupe) d'huile d'olive
....
5 ml (1 c. à thé) de cumin
....
30 ml (2 c. à soupe) de zestes
de citron
....
2 oignons verts hachés
....
Sel et poivre au goût

250 ml (1 tasse) d'eau bouillante

½ mangue

2 tomates italiennes

½ concombre
....
60 ml (¼ de tasse) de persil
frais haché
....
60 ml (¼ de tasse) de menthe
fraîche hachée
....
30 ml (2 c. à soupe) de coriandre
fraîche hachée
....
15 ml (1 c. à soupe) de miel
....
60 ml (¼ de tasse) de jus
de citron
....

1. Dans un saladier, mélanger le couscous avec l'huile, le cumin, les zestes et les oignons verts. Assaisonner, puis verser l'eau bouillante. Couvrir et laisser gonfler de 5 à 6 minutes. Égrainer le couscous à l'aide d'une fourchette. Laisser tiédir à température ambiante.

2. Tailler la mangue, les tomates et le concombre en petits dés. Ajouter dans le saladier avec les fines herbes.

3. Dans un bol, délayer le miel dans le jus de citron. Incorporer au couscous. Répartir dans quatre verrines.

C'est facile !

Hacher des fines herbes

Pour hacher les fines herbes facilement et rapidement, utilisez les ciseaux de cuisine. Déposez les herbes dans un grand verre ou dans une tasse à mesurer et coupez ! On trouve aussi dans les cuisineries des ciseaux spécialement conçus à cet effet. Munis de plusieurs lames (certains modèles en comptent trois, d'autres cinq), ces derniers permettent de faire le travail en moins de deux. À découvrir !

Salade fraîcheur aux oranges et mûres

Préparation : **15 minutes** • Quantité : **4 verrines**

4 oranges

250 ml (1 tasse) de mûres

4 radis émincés finement

½ paquet de micro-pousses de 75 g

30 ml (2 c. à soupe) de feuilles de menthe émincées

15 ml (1 c. à soupe) de ciboulette fraîche hachée

80 ml (⅓ de tasse) de vinaigrette à la toscane (voir recette ci-dessous)

1. Prélever les suprêmes des oranges en pelant d'abord l'écorce à vif, puis en tranchant de chaque côté des membranes. Au-dessus d'un saladier, presser les membranes des agrumes afin de récupérer le maximum de jus.

2. Dans le saladier, mélanger les suprêmes d'oranges avec le reste des ingrédients.

3. Répartir dans quatre verrines. Servir immédiatement.

J'aime avec...

Vinaigrette à la toscane

Mélanger 60 ml ($\frac{1}{4}$ de tasse) d'huile d'olive avec 45 ml (3 c. à soupe) de persil frais haché, 15 ml (1 c. à soupe) d'échalote sèche hachée et 15 ml (1 c. à soupe) de zestes de citron. Saler, poivrer et remuer.

Salade de melon, feta et menthe

Préparation : **15 minutes** • Quantité : **4 verrines**

¼ de melon d'eau
....
¼ d'un contenant de feta
de 400 g, émiettée
....
60 ml (¼ de tasse) de noix
de pin grillées
....
30 ml (2 c. à soupe) de menthe
fraîche émincée
....
30 ml (2 c. à soupe) d'huile d'olive
....
15 ml (1 c. à soupe) de zestes
de citron
....
2,5 ml (½ c. à thé) de graines
de cumin
....

1. À l'aide d'une cuillère parisienne, former des boules dans le melon.

2. Dans un bol, mélanger le reste des ingrédients. Ajouter le melon et remuer délicatement. Répartir la préparation dans quatre verrines.

J'aime avec...

Vinaigrette au basilic et vinaigre balsamique

Pour varier le goût de cette délicieuse entrée, n'hésitez pas à changer la vinaigrette. Dans un bol, mélanger 30 ml (2 c. à soupe) d'échalotes sèches hachées avec 5 ml (1 c. à thé) d'ail haché, 5 ml (1 c. à thé) de poivre concassé et 15 ml (1 c. à soupe) de pesto aux tomates séchées. Tout en fouettant, verser progressivement 30 ml (2 c. à soupe) de vinaigre balsamique et 125 ml (½ tasse) d'huile d'olive en alternance. Saler. Ajouter 45 ml (3 c. à soupe) de basilic frais haché. Laisser reposer au frais 15 minutes avant de servir.

Salade de homard et pétoncles à l'avocat

Préparation : **15 minutes** • Marinage : **30 minutes** • Quantité : **2 verrines**

30 ml (2 c. à soupe) d'huile d'olive
....
30 ml (2 c. à soupe) de jus de lime
....
5 ml (1 c. à thé) de zestes de lime
....
30 ml (2 c. à soupe) de ciboulette fraîche hachée
....
15 ml (1 c. à soupe) d'aneth frais haché
....
125 ml (½ tasse) de mini-pétoncles
....
1 boîte de homard surgelé de 198 g, décongelé
....
½ avocat coupé en dés
....
Sel et poivre au goût
....

1. Dans un bol, fouetter l'huile avec le jus de lime, les zestes, la ciboulette et l'aneth.

2. Ajouter les pétoncles et le homard. Faire mariner au frais de 30 à 60 minutes.

3. Au moment de servir, ajouter l'avocat. Assaisonner et remuer. Répartir la préparation dans deux verrines.

Le saviez-vous ?

Chic… et bon pour la santé !

Vous en pincez pour le roi des crustacés ? En plus de donner une touche chic aux plats les plus ordinaires, la chair au goût fin et légèrement sucré du homard est bénéfique pour la santé. En effet, une portion de 100 g (180 ml – ¾ de tasse) offre pas moins de 20 g de protéines pour à peine 98 calories. Au supermarché, on la trouve en conserve ou surgelée. Pour la décongeler, plongez l'emballage dans un bol d'eau froide et placez au frigo.

Salade croquante de pomme, fenouil et fraises

Préparation : 15 minutes • **Quantité : 4 verrines**

80 ml (⅓ de tasse)
de mayonnaise
....
30 ml (2 c. à soupe)
de jus d'orange
....
Sel et poivre au goût
....
1 bulbe de fenouil
....
1 pomme verte
....
4 fraises
....
12 feuilles de menthe
....

1. Dans un grand bol, fouetter la mayonnaise avec le jus d'orange. Saler et poivrer.

2. Couper le fenouil en julienne ou en petits dés. Râper la pomme. Tailler les fraises en dés. Déposer dans le bol et remuer délicatement.

3. Répartir la salade dans quatre verrines. Décorer avec les feuilles de menthe.

Salade de vermicelles et saumon

Préparation : 30 minutes • Réfrigération : 20 minutes • Quantité : 12 verrines

50 g de vermicelles de riz

15 ml (1 c. à soupe) de jus de lime

30 ml (2 c. à soupe) d'aneth frais haché

45 ml (3 c. à soupe) d'huile d'olive

10 ml (2 c. à thé) de zestes de lime

Sel et poivre au goût

225 g (½ lb) de filet de saumon, sans peau

¼ de poivron rouge coupé en petits dés

1 branche de céleri coupée en petits dés

1 oignon vert émincé

1. Faire ramollir les vermicelles dans l'eau chaude selon les indications de l'emballage. Égoutter et laisser tiédir. Réserver au frais.

2. Dans un bol, mélanger le jus de lime avec l'aneth, l'huile, les zestes et l'assaisonnement.

3. Couper le saumon en dés. Ajouter les cubes de saumon dans le bol contenant la marinade. Laisser mariner au frais 10 minutes.

4. Ajouter les légumes, les vermicelles et l'oignon vert dans le bol. Laisser mariner au frais 10 minutes.

5. Répartir la préparation dans 12 verrines.

Salade de fenouil et pamplemousse sur panna cotta au crabe

Préparation : **40 minutes** • Réfrigération : **1 heure** • Quantité : **12 verrines**

POUR LA PANNA COTTA AU CRABE :

125 ml (½ tasse) de lait
....
375 ml (1 ½ tasse) de crème à cuisson 15 %
....
1 sachet de gélatine sans saveur de 7 g
....
60 ml (¼ de tasse) d'eau froide
....
1 boîte de chair de crabe surgelée de 200 g, décongelée et égouttée
....
30 ml (2 c. à soupe) d'aneth frais haché
....
Sel et poivre au goût
....

POUR LA SALADE DE FENOUIL :

1 bulbe de fenouil
....
2 pamplemousses roses
....
1 oignon vert
....
15 ml (1 c. à soupe) d'huile d'olive
....
Sel et poivre au goût
....

1. Dans une casserole, porter à ébullition le lait et la crème. Retirer du feu.

2. Faire gonfler la gélatine dans l'eau froide 2 minutes, puis faire fondre au micro-ondes 20 secondes. Incorporer dans le lait chaud avec le reste des ingrédients de la panna cotta. Répartir dans 12 verrines. Laisser figer au moins 1 heure au réfrigérateur.

3. Pendant ce temps, émincer finement le fenouil. Déposer dans un bol.

4. Prélever les suprêmes des pamplemousses en pelant l'écorce à vif, puis en tranchant de chaque côté des membranes. Couper les suprêmes en dés et déposer dans le bol.

5. Incorporer délicatement le reste des ingrédients de la salade.

6. Une fois la panna cotta figée, répartir la salade de fenouil dans les verrines.

Salade de courgettes et carotte

Préparation : **10 minutes** • Réfrigération : **30 minutes** • Quantité : **4 verrines**

2 grosses courgettes

1 carotte

POUR LA VINAIGRETTE :

60 ml (¼ de tasse) d'huile d'olive

30 ml (2 c. à soupe) de coriandre fraîche hachée

30 ml (2 c. à soupe) de graines de sésame grillées

15 ml (1 c. à soupe) de miel

15 ml (1 c. à soupe) de jus de citron

10 ml (2 c. à thé) de gingembre haché

5 ml (1 c. à thé) de zestes de citron

Sel et poivre au goût

1. Dans un saladier, mélanger les ingrédients de la vinaigrette.

2. Couper les courgettes et la carotte en fine julienne. Ajouter dans le saladier et remuer.

3. Répartir la préparation dans 12 verrines. Réfrigérer 30 minutes avant de servir.

Une recette de Lise Lévesque, chef

Salade de thon à la mangue

Préparation : **20 minutes** • Quantité : **2 verrines**

2 œufs

½ poivron rouge
coupé en dés

½ poivron vert
coupé en dés

1 mangue
coupée en dés

1 boîte de thon
de 198 g, égoutté

150 ml (environ ⅔ de
tasse) de concombre
coupé en dés

85 g de gouda
coupé en dés

60 ml (¼ de tasse)
d'oignon coupé en dés

45 ml (3 c. à soupe)
de mayonnaise

Poivre au goût

1. Déposer les œufs dans une casserole. Couvrir d'eau froide et porter à ébullition. Dès que l'eau bout, couvrir et retirer du feu. Laisser reposer de 15 à 20 minutes, selon la grosseur des œufs, puis refroidir sous l'eau froide. Écaler puis couper les œufs cuits dur en morceaux.

2. Dans un bol, mélanger tous les ingrédients. Répartir dans deux verrines.

Saumon mariné et avocat

Préparation : **25 minutes** • Marinage : **30 minutes** • Quantité : **12 verrines**

POUR LA MARINADE :

80 ml (⅓ de tasse) d'huile d'olive

30 ml (2 c. à soupe) de jus de lime

30 ml (2 c. à soupe) d'aneth
frais haché

15 ml (1 c. à soupe) de ciboulette
fraîche hachée

15 ml (1 c. à soupe) de miel

POUR LES VERRINES :

250 g (environ ½ lb) de filet
de saumon sans peau

2 pamplemousses roses

2 avocats

Sel et poivre au goût

Quelques brins d'aneth

1. Dans un bol, fouetter ensemble les ingrédients de la marinade.

2. Couper le saumon en dés.

3. Verser le tiers de la marinade dans un plat hermétique et ajouter les dés de saumon. Faire mariner au frais 30 minutes.

4. Prélever les suprêmes des pamplemousses en pelant d'abord l'écorce à vif, puis en tranchant de chaque côté des membranes. Presser les membranes de l'un des pamplemousses au-dessus du bol contenant la marinade afin d'en récupérer le jus.

5. Couper les avocats en dés et ajouter dans le plat contenant le saumon. Ajouter les suprêmes de pamplemousses. Assaisonner et remuer.

6. Répartir la préparation dans les verrines et décorer chacune des portions d'un brin d'aneth.

Le saviez-vous ?
Ça se prépare à l'avance

Rien de plus simple pour passer plus de temps avec les invités ! La veille, préparer la marinade (étape 1) et couper le saumon en dés (étape 2). Réserver les deux préparations au frais. Environ 40 minutes avant de servir, faire mariner les dés de saumon (étape 3). Prélever les suprêmes des pamplemousses et en récupérer le jus (étape 4). Au moment de servir, couper les avocats en dés et ajouter dans la marinade avec les suprêmes de pamplemousses (étape 5). Dresser les verrines (étape 6).

Duo de fruits de mer croquants-fondants

Préparation : **10 minutes** • Marinage : **30 minutes** • Quantité : **4 verrines**

16 pétoncles moyens
(calibre 20/30)
....
80 ml (⅓ de tasse) de grains
de grenade
....
45 ml (3 c. à soupe) d'huile d'olive
....
30 ml (2 c. à soupe) de jus de lime
....
30 ml (2 c. à soupe) de coriandre
fraîche hachée
....
½ petit oignon rouge haché
....

1. Couper les pétoncles en trois sur l'épaisseur et les déposer dans un plat, sans les superposer.

2. Dans un bol, mélanger le reste des ingrédients. Verser sur les pétoncles.

3. Couvrir d'une pellicule plastique et laisser mariner 30 minutes au frais.

4. Répartir le ceviche dans les verrines.

J'aime avec...

Crevettes croustillantes

Dans une casserole, chauffer 500 ml (2 tasses) d'huile de canola à feu moyen. Préparer trois assiettes creuses. Dans la première, verser 80 ml (⅓ de tasse) de farine. Dans la deuxième, battre un œuf. Dans la troisième, mélanger 180 ml (¾ de tasse) de chapelure panko avec 15 ml (1 c. à soupe) de graines de sésame, 15 ml (1 c. à soupe) de zestes de citron et 10 ml (2 c. à thé) de gingembre haché. Fariner 16 grosses crevettes (calibre 16/20), crues et décortiquées. Tremper ensuite les crevettes dans l'œuf, puis enrober de chapelure. Frire les crevettes dans l'huile de 2 à 3 minutes, en procédant par petites quantités.

Une recette de Ève Godin, nutritionniste

Ceviche de pétoncles et pamplemousse rose

Préparation : **15 minutes** • Quantité : **4 verrines**

1 pamplemousse rose

6 gros pétoncles
(calibre U10),
bien épongés

1 concombre libanais,
épépiné et coupé
en petits dés

15 ml (1 c. à soupe) de
ciboulette fraîche hachée

1 lime (jus)

Sel et poivre au goût

1. Prélever les suprêmes du pamplemousse en coupant d'abord l'écorce à vif, puis en tranchant de chaque côté des membranes. Déposer les suprêmes dans un grand bol.

2. Trancher finement les pétoncles et les déposer dans le bol.

3. Ajouter le reste des ingrédients et mélanger délicatement.

4. Répartir dans quatre verrines et servir immédiatement.

Ceviche de pétoncles
et salsa melon-ananas

Préparation : **25 minutes** • Marinage : **30 minutes** • Quantité : **12 verrines**

POUR LE CEVICHE DE PÉTONCLES :

12 pétoncles moyens (calibre 20/30)
....
30 ml (2 c. à soupe) de jus de lime
....
30 ml (2 c. à soupe) d'huile d'olive
....
15 ml (1 c. à soupe) d'aneth frais haché
....
Sel et poivre au goût
....

POUR LA SALSA MELON-ANANAS :

250 ml (1 tasse) de melon d'eau coupé en dés
....

250 ml (1 tasse) d'ananas coupé en petits dés
....
60 ml (¼ de tasse) de jus d'orange
....
30 ml (2 c. à soupe) d'huile de sésame (non grillé)
....
15 ml (1 c. à soupe) de gingembre haché
....
15 ml (1 c. à soupe) de menthe fraîche hachée
....

POUR DÉCORER :

Quelques pousses de maïs
....
Quelques feuilles de menthe
....

1. Couper chaque pétoncle sur l'épaisseur en trois ou quatre tranches fines.

2. Déposer les tranches dans une assiette, sans les superposer. Arroser de jus de lime et d'huile d'olive. Parsemer d'aneth, de sel et de poivre. Laisser mariner 30 minutes au frais.

3. Dans un bol, mélanger les ingrédients de la salsa.

4. Répartir la salsa dans 12 verrines. Égoutter les pétoncles puis répartir dans les verrines. Décorer chacune des portions de pousses et de feuilles de menthe.

Crevettes coquettes

En mousse, en version cocktail, marinée ou escortée d'une trempette telle une vedette, la crevette aime se pointer le nez dans les grandes occasions. Voici quelques recettes pour la mettre sur son 36 et en faire la star de votre réception.

Bloody Caesar et crevettes cocktail

Préparation : **30 minutes** • Quantité : **12 verrines**

POUR LES CREVETTES MIEL ET LIME :

15 ml (1 c. à soupe) d'huile d'olive
....
15 ml (1 c. à soupe) de miel
....
15 ml (1 c. à soupe) de jus de lime
....
5 ml (1 c. à thé) de zestes de lime
....
Sel et poivre au goût
....
12 crevettes moyennes
(calibre 31/40) ou grosses
(calibre 26/30), cuites
et décortiquées
....

POUR LE BLOODY CAESAR :

375 ml (1 ½ tasse) de cocktail de
tomates et de palourdes (de type
Clamato) ou de jus de tomate
80 ml (⅓ de tasse) de vodka
....
15 ml (1 c. à soupe) de feuilles
de céleri hachées
15 ml (1 c. à soupe) de jus
de citron
2 à 3 gouttes de sauce
Worcestershire
2 à 3 gouttes de tabasco
....

POUR GARNIR LE POURTOUR DES VERRES :

30 ml (2 c. à soupe) de sel de céleri
....
15 ml (1 c. à soupe) de jus de lime
....

1. Dans un bol, mélanger l'huile avec le
miel, le jus et les zestes de lime. Assaisonner.
Ajouter les crevettes et remuer délicatement.
Réserver au frais.

2. Dans un bol muni d'un bec verseur,
mélanger les ingrédients du Bloody Caesar.
Réserver au frais.

3. Déposer le sel de céleri et verser le jus
de lime dans des petites assiettes. Humecter
le pourtour des verres dans le jus de lime
puis les tremper dans le sel de céleri.

4. Au moment de servir, répartir le Bloody
Caesar dans les verres. Garnir chacune
des portions d'une crevette.

J'aime parce que...
C'est différent !

Heureux mariage entre le Bloody Caesar et la crevette sauce cocktail, cette verrine à boire et à man-
ger apportera une bonne dose d'originalité à votre
réception. Pour varier, pourquoi ne pas remplacer
la crevette par un morceau de chair de homard ?

Déjeuners et brunchs en fête

Les verrines ont la cote, même à l'heure du petit-déjeuner et du brunch ! Ces bouchées colorées qui se laissent déguster à la fourchette ont le pouvoir d'égayer le paysage matinal. Il n'est jamais trop tôt pour faire la fête !

Verrines matinales aux œufs brouillés

Préparation : **30 minutes** • Cuisson : **4 minutes** • Quantité : **4 verrines**

4 tranches de bacon

8 œufs

15 ml (1 c. à soupe)
de persil frais haché

30 ml (2 c. à soupe) de
ciboulette fraîche hachée

Sel et poivre au goût

15 ml (1 c. à soupe)
d'huile d'olive

250 ml (1 tasse) de
jambon coupé en dés

1 tomate coupée en dés

½ poivron jaune
coupé en dés

15 ml (1 c. à soupe)
de beurre

125 ml (½ tasse) de cheddar
marbré coupé en dés

1. Couper les tranches de bacon en deux sur la longueur. Déposer les tranches de bacon entre deux feuilles de papier absorbant. Cuire au micro-ondes de 3 à 4 minutes, jusqu'à ce qu'il soit croustillant.

2. Dans un bol, fouetter les œufs avec les fines herbes et l'assaisonnement.

3. Dans une poêle, chauffer l'huile à feu moyen. Cuire le jambon avec la tomate et le poivron 2 minutes. Répartir dans quatre verrines.

4. Dans la même poêle, faire fondre le beurre à feu doux-moyen. Verser les œufs et remuer délicatement avec une cuillère de bois de 1 à 2 minutes, jusqu'à ce que les œufs soient pris. Répartir dans les verrines.

5. Ajouter les dés de cheddar. Décorer chacune des portions avec deux demi-tranches de bacon.

Le saviez-vous ?

Il existe du bacon meilleur pour la santé

Quoi de plus cochon qu'une tranche de bacon au déjeuner ? Son petit goût salé et fumé sait nous faire saliver ! Toutefois, sa teneur en gras saturés, en sodium et en nitrites en fait un aliment à consommer modérément. La bonne nouvelle, c'est que certaines marques offrent maintenant un bacon exempt de nitrites, de colorant, de glutamate monosodique et de saveur artificielle. Miam !

Coupes de fruits et croustillant aux amandes

Préparation : **15 minutes** • Quantité : **4 verrines**

1 contenant de yogourt
au citron de 500 g

250 ml (1 tasse) de framboises

1 banane coupée en dés

125 ml (½ tasse) de melon
d'eau coupé en dés

250 ml (1 tasse) de céréales
aux raisins secs et amandes

80 ml (⅓ de tasse)
de sirop d'érable

1. Répartir la moitié du yogourt
dans quatre coupes.

2. Former des couches successives
de framboises, de banane et de melon
d'eau dans chacune des coupes.

3. Couvrir du reste du yogourt
et des céréales.

4. Napper de sirop d'érable.

J'aime avec...

Tartinade dattes et orange

Dans une casserole, chauffer à feu moyen
250 ml (1 tasse) de jus d'orange avec 60 ml
(¼ de tasse) de beurre. Ajouter 500 ml
(2 tasses) de dattes dénoyautées et 2,5 ml
(½ c. à thé) de vanille. Cuire à feu doux-
moyen de 8 à 10 minutes, jusqu'à l'obtention
d'une purée. Laisser tiédir puis réfrigérer.
Servir avec du pain grillé.

Mini-omelettes crémeuses à la raclette

Préparation : **15 minutes** • Cuisson : **18 minutes** • Quantité : **4 verrines**

10 tranches de bacon cuites

15 ml (1 c. à soupe) de beurre

½ oignon haché

8 gros œufs

8 tranches de fromage
à raclette, coupées en dés

80 ml (⅓ de tasse) de crème
à cuisson 15 %

Sel et poivre au goût

1. Préchauffer le four à 205 °C (400 °F).

2. Couper en dés 6 tranches de bacon.

3. Dans une poêle, faire fondre le beurre
à feu moyen. Cuire l'oignon et les dés
de bacon de 1 à 2 minutes. Déposer dans
un bol et laisser tiédir.

4. Dans un autre bol, battre les œufs avec
le fromage, la crème et l'assaisonnement.
Incorporer le bacon et les oignons.

5. Beurrer quatre ramequins, puis y répartir
la préparation. Déposer les ramequins dans
un plat creux allant au four. Placer le plat
au four, sur la grille du centre. Verser de l'eau
bouillante jusqu'à mi-hauteur des ramequins.

6. Cuire au four de 18 à 20 minutes, jusqu'à
ce que les œufs soient pris, mais encore
légèrement crémeux. Garnir chaque portion
d'une tranche de bacon.

J'aime avec...

Grillettes au parmesan

Beurrer 4 tranches de focaccia au romarin.
Parsemer de 125 ml (½ tasse) de parmesan
râpé et de 2,5 ml (½ c. à thé) de thym frais
haché. Cuire au four de 10 à 12 minutes
à 205 °C (400 °F). Couper chaque tranche
de pain en trois bâtonnets.

Yogourt et muesli grillé

Préparation : **20 minutes** • Quantité : **4 verrines**

250 ml (1 tasse) de mélange
de flocons multigrain
....
80 ml (⅓ de tasse)
de raisins secs
....
80 ml (⅓ de tasse)
d'abricots séchés émincés
....
60 ml (¼ de tasse)
de sirop d'érable
....
250 ml (1 tasse) de yogourt
grec à la vanille
....
8 feuilles de menthe
....

1. Dans un bol, mélanger les flocons multigrain avec les raisins secs et les abricots.

2. Dans une poêle, chauffer le sirop d'érable
à feu moyen jusqu'à ébullition. Incorporer
le mélange de flocons. Cuire de 2 à 3 minutes
en remuant. Bien enrober les flocons de sirop.

3. Déposer la préparation sur une plaque
de cuisson tapissée d'une feuille de papier
parchemin. Laisser tiédir.

4. Répartir le mélange dans quatre verrines.
Garnir chacunes des portions de yogourt
et de feuilles de menthe.

J'aime avec...

Bruschetta de fraises
à la menthe et au gingembre

Couper en dés de 10 à 12 fraises et déposer dans
un bol. Mélanger avec 30 ml (2 c. à soupe) de miel,
30 ml (2 c. à soupe) de menthe fraîche hachée et 15 ml
(1 c. à soupe) de gingembre haché. Servir sur des tranches
de pain baguette préalablement grillées au four à la position
« gril » (*broil*) de 2 à 3 minutes.

Chocolat chaud
à la guimauve

Préparation : **5 minutes** • Quantité : **4 verrines**

1 litre (4 tasses) de lait

180 g (environ ⅓ de lb)
de chocolat mi-sucré

8 guimauves

1. Dans une casserole, chauffer le lait
à feu moyen.

2. Ajouter le chocolat et remuer jusqu'à
ce qu'il soit fondu.

3. Répartir le chocolat chaud dans
quatre verrines et garnir chacune
des portions de deux guimauves.

J'aime avec...

Gaufres aux épices et yogourt

Mélanger 500 ml (2 tasses) de farine
avec 60 ml (¼ de tasse) de cassonade, 10 ml (2 c. à thé) de poudre à pâte,
5 ml (1 c. à thé) de bicarbonate de soude, 1 pincée de sel, 2,5 ml (½ c. à
thé) de cannelle, 2,5 ml (½ c. à thé) de gingembre et 1,25 ml (¼ de c. à
thé) de muscade. Dans un autre bol, fouetter 45 ml (3 c. à soupe) d'huile
de canola avec 375 ml (1 ⅓ tasse) de yogourt nature, 180 ml (¾ de tasse)
de lait et 2 jaunes d'œufs, puis incorporer graduellement aux ingrédients
secs. À l'aide du batteur électrique, fouetter les 2 blancs d'œufs en neige
ferme. Incorporer à la pâte en pliant délicatement la préparation à l'aide
d'une spatule. Verser un peu de pâte dans le gaufrier huilé et préchauffé.
Cuire de 4 à 6 minutes. Réserver les gaufres cuites dans un four chaud. Au
moment de servir, garnir les gaufres de 160 ml (⅔ de tasse) de yogourt nature,
de 80 ml (⅓ de tasse) de noix de Grenoble hachées et de sirop d'érable.

Salade de poires
au caramel d'érable chaud

Préparation : 15 minutes • Macération : **8 heures**
Cuisson : **7 minutes** • Quantité : **4 verrines**

6 poires
....
125 ml (½ tasse) de jus
de poire
....
30 ml (2 c. à soupe)
de liqueur d'agrumes
(de type Grand Marnier)
....
180 ml (¾ de tasse)
de sirop d'érable
....
80 ml (⅓ de tasse) de
crème à cuisson 35 %
....
30 ml (2 c. à soupe)
d'amandes grillées
émincées
....

1. Peler les poires et les couper
en quartiers.

2. Dans un bol, mélanger le jus
de poire avec la liqueur d'agrumes.
Ajouter les poires et laisser macérer
au frais de 8 à 12 heures.

3. Au moment de servir, égoutter les poires en prenant soin de
réserver la marinade. Dans une
casserole, verser le sirop d'érable,
la crème et la marinade. Porter à
ébullition et laisser mijoter 5 minutes.

4. Répartir les poires dans quatre
verrines et napper de caramel
d'érable. Parsemer chacune des
portions d'amandes.

Une recette de François Blais, chef.

Muesli aux fruits

Préparation : 5 minutes • Quantité : 6 verrines

310 ml (1 ¼ tasse) de lait
....
500 ml (2 tasses)
de céréales granola
....
310 ml (1 ¼ tasse)
de yogourt nature

300 g (²⁄₃ de lb) de fruits
frais au choix et de
canneberges séchées
....
100 g (3 ½ oz)
de fromage cottage
....
5 ml (1 c. à thé)
de sirop d'érable
....
6 feuilles de menthe
....

1. Dans un bol, mélanger le lait avec
les céréales. Répartir dans six verrines.

2. Répartir le yogourt sur les céréales.

3. Ajouter les fruits et garnir d'une
cuillerée de fromage cottage. Verser
un filet de sirop d'érable.

4. Décorer chacune des portions avec
une feuille de menthe et un fruit frais.

Salade d'agrumes
au jus de lime et menthe

Préparation : **15 minutes** • Quantité : **4 verrines**

2 pamplemousses roses

3 oranges

2 clémentines
ou mandarines

1 lime (jus et zeste)

30 ml (2 c. à soupe)
de miel

30 ml (2 c. à soupe)
de menthe fraîche
émincée

1. Prélever les suprêmes des pamplemousses et des oranges en coupant d'abord l'écorce à vif, puis en tranchant de chaque côté des membranes. Au-dessus d'un grand bol, presser les membranes des agrumes afin d'en récupérer le jus.

2. Séparer les clémentines en quartiers et les déposer dans le bol.

3. Incorporer le zeste et le jus de lime, le miel, la menthe ainsi que les suprêmes de pamplemousses et d'oranges.

4. Répartir la salade dans quatre verrines.

Yogourt à la salsa de fruits

Préparation : **25 minutes** • Quantité : **6 verrines**

375 ml (1 ½ tasse)
de yogourt grec
à la vanille
....
80 ml (⅓ de tasse)
de sirop d'érable
....

**POUR LA SALSA
DE FRUITS :**

6 fraises
....
½ mangue
....
2 kiwis
....
30 ml (2 c. à soupe)
de menthe fraîche
hachée
....
15 ml (1 c. à soupe)
de zestes de citron
....

1. Couper les fruits en petits dés.
Déposer dans un bol.

2. Ajouter la menthe et les zestes
de citron.

3. Répartir le yogourt dans six
verrines.

4. Verser délicatement le sirop
d'érable.

5. Garnir de salsa de fruits.

Petites gourmandises

Envie d'une petite gourmandise pour clore le souper? Voici une sélection de desserts en verrines pour contenter les dents sucrées. Et attention, ce n'est pas parce qu'ils sont servis en petites portions qu'ils ne sont pas cochons!

Verrines triplement chocolatées

Préparation : **35 minutes** • Réfrigération : **1 heure** • Quantité : **12 verrines**

1 sachet de gélatine
sans saveur de 7 g
....
60 ml (¼ de tasse) d'eau
....
625 ml (2 ½ tasses)
de crème à cuisson 15 %
....
2,5 ml (½ c. à thé)
de vanille
....
60 g de chocolat blanc
....
80 ml (⅓ de tasse) de
brisures de chocolat au lait
....

POUR LE FONDANT
AU CHOCOLAT NOIR :

80 ml (⅓ de tasse) de lait
....
60 g de chocolat
noir 70 %
....
15 ml (1 c. à soupe)
de zestes d'orange
....

1. Placer 12 verrines au congélateur.

2. Dans un bol, mélanger la gélatine avec l'eau et laisser gonfler de 2 à 3 minutes.

3. Dans une casserole, chauffer la crème avec la vanille jusqu'aux premiers frémissements. Incorporer la gélatine.

4. Déposer le chocolat blanc dans un bol et le chocolat au lait dans un autre. Répartir la crème dans les deux bols. Mélanger jusqu'à ce que les chocolats soient fondus. Laisser tiédir.

5. Sortir les verrines du congélateur. Répartir la préparation au chocolat au lait dans les verrines (si le chocolat est encore trop chaud, attendre quelques minutes avant de remplir les verrines). Replacer les verrines de 5 à 6 minutes au congélateur, jusqu'à ce que la surface du chocolat fige.

6. Répartir la préparation au chocolat blanc dans les verrines et réserver au frais de 1 à 2 heures.

7. Lorsque la préparation au chocolat blanc est bien figée, préparer le fondant au chocolat noir. Chauffer le lait au micro-ondes de 1 à 2 minutes. Incorporer le chocolat noir et les zestes. Laisser fondre puis remuer. Laisser tiédir de 2 à 3 minutes au réfrigérateur. Répartir le fondant au chocolat dans les verrines. Réfrigérer jusqu'au moment de servir.

J'aime aussi...

Avec du chocolat fin

Pour cette recette, nous avons utilisé des carrés de chocolat pour la cuisson (de type Baker's). Sachez toutefois que les brisures conviendraient tout autant. Si vous préférez le chocolat fin, les tablettes vendues en format de 100 g conviennent aussi bien. On les trouve dans la section des confiseries, des produits fins ou dans les présentoirs situés à proximité des caisses du supermarché.

Mousse au chocolat et poires

Préparation : **15 minutes** • Cuisson : **5 minutes** • Quantité : **de 6 à 8 verrines**

2 poires pelées et coupées en dés
....
250 ml (1 tasse) de cidre de glace
....
15 ml (1 c. à soupe) de jus de citron
....
150 g de chocolat noir 70 % coupé en morceaux
....
60 ml (¼ de tasse) de beurre
....
375 ml (1 ½ tasse) de crème à fouetter 35 %
....
3 jaunes d'œufs
....
60 ml (¼ de tasse) de sucre
....

1. Dans une casserole, cuire les dés de poires avec le cidre de glace et le jus de citron de 5 à 6 minutes à feu moyen. Retirer du feu et laisser tiédir. Répartir dans les verrines.

2. Dans un bain-marie, faire fondre le chocolat et le beurre à feu moyen.

3. À l'aide du batteur électrique, fouetter la crème à vitesse élevée jusqu'à l'obtention de pics fermes.

4. Dans un autre bol, fouetter les jaunes d'œufs avec le sucre jusqu'à ce que le mélange blanchisse. Incorporer le chocolat.

5. Incorporer la crème fouettée en pliant délicatement la préparation à l'aide d'une spatule. Répartir dans les verrines.

J'aime avec...

Poires séchées

Dans une casserole, porter à ébullition 80 ml ($\frac{1}{3}$ de tasse) de sucre avec 80 ml ($\frac{1}{3}$ de tasse) d'eau, puis cuire de 2 à 3 minutes à feu moyen. Retirer le sirop du feu et laisser tiédir. Couper 2 poires en très fines tranches avec une mandoline. Badigeonner de sirop les deux côtés des tranches. Déposer sur une assiette tapissée d'une feuille de papier parchemin, sans superposer. Cuire au micro-ondes à haute intensité de 3 à 4 minutes, jusqu'à ce que les poires soient légèrement dorées, en vérifiant la cuisson toutes les 30 secondes.

Mousse au chocolat et piment d'Espelette

Préparation : **20 minutes** • Réfrigération : **1 heure** • Quantité : **4 verrines**

170 g de chocolat noir 70 %
....
2,5 ml (½ c. à thé)
de piment d'Espelette
....
60 ml (¼ de tasse)
de crème champêtre 15 %
....
3 œufs, blancs
et jaunes séparés
....
45 ml (3 c. à soupe) de sucre
....

1. Dans un bain-marie, faire fondre le chocolat avec le piment d'Espelette et la crème en remuant.

2. Dans un bol, fouetter les jaunes d'œufs avec le sucre jusqu'à ce que le mélange blanchisse.

3. À l'aide du batteur électrique, monter les blancs d'œufs en neige, jusqu'à l'obtention de pics fermes.

4. Incorporer le chocolat fondu au mélange de jaunes d'œufs. Bien remuer.

5. Incorporer les blancs d'œufs en pliant délicatement la préparation à l'aide d'une spatule.

6. Répartir la mousse dans quatre verrines. Réfrigérer de 1 à 2 heures avant de servir.

J'aime parce que...

C'est *hot* !

Le chocolat et le piment d'Espelette forment un couple idéal ! Alors que l'un enveloppe nos papilles de son goût sucré, l'autre, juste assez piquant, s'occupe de les tenir réveillées. Par ailleurs, ces deux aliments seraient de parfaits alliés pour stimuler le désir. Pas de piment d'Espelette ? Sachez qu'un mélange de piment de Cayenne et de paprika pourrait très bien le remplacer.

Panna cotta au chocolat blanc et fruits exotiques

Préparation : **20 minutes** • Réfrifération : **3 heures** • Quantité : **4 verrines**

½ sachet de gélatine sans saveur de 7 g

60 ml (¼ de tasse) de lait

375 ml (1 ½ tasse) de crème à cuisson 15 %

125 ml (½ tasse) de jus de fruits exotiques

10 ml (2 c. à thé) de gingembre frais haché

3 gouttes de vanille

60 g de chocolat blanc, coupé en morceaux

POUR LA DÉCORATION :

60 ml (¼ de tasse) d'eau

125 ml (½ tasse) de sucre

1. Faire gonfler la gélatine dans le lait de 2 à 3 minutes.

2. Dans une casserole, mélanger la crème avec le jus, le gingembre et la vanille. Chauffer à feu moyen jusqu'aux premiers frémissements.

3. Incorporer le chocolat blanc à feu doux et remuer jusqu'à ce qu'il soit fondu.

4. Chauffer la gélatine 20 secondes au micro-ondes, puis incorporer à la crème au chocolat blanc en fouettant.

5. Répartir dans quatre verrines. Réfrigérer de 3 à 24 heures.

6. Dans une petite casserole, porter à ébullition l'eau avec le sucre. Cuire jusqu'à ce que le mélange prenne une teinte ambrée. Retirer du feu et laisser tiédir de 1 à 2 minutes. Le caramel doit être encore coulant mais ni trop liquide, ni trop figé.

7. Tremper une fourchette dans le caramel et, au-dessus d'une feuille de papier parchemin, secouer rapidement en faisant des mouvements circulaires. Répéter afin d'obtenir quatre décorations. Laisser tiédir à température ambiante, dans un endroit sec.

8. Au moment de servir, piquer une décoration dans chacune des panna cottas.

Le saviez-vous ?

Les vertus du gingembre

En plus d'être apprécié pour ses propriétés antioxydantes, cette racine odorante utilisée pour aromatiser les mets de toutes sortes est aussi considérée comme un aphrodisiaque. Selon la légende, même les empereurs chinois en consommaient régulièrement afin de satisfaire leurs nombreuses concubines. Tonique, le gingembre réchauffe l'organisme et stimule la circulation sanguine, ce qui pourrait donner un petit coup de pouce aux libidos endormies.

Tapioca mangue et bleuets

Préparation : **15 minutes** • Temps de repos : **25 minutes** • Quantité : **12 verrines**

POUR LE TAPIOCA :

375 ml (1 ½ tasse) de lait
....
125 ml (½ tasse)
de lait de coco
....
80 ml (⅓ de tasse)
de tapioca à cuisson
rapide
....
60 ml (¼ de tasse)
de sucre
....
3 gouttes de vanille
....
1 jaune d'œuf
....

POUR LA SALSA :

½ mangue taillée
en petits dés
....
125 ml (½ tasse)
de bleuets
....
160 ml (⅔ de tasse)
de céréales d'avoine
croquante (de type
Croque Nature)
....

1. Déposer les ingrédients du tapioca dans une casserole. Remuer et laisser reposer 5 minutes.

2. Chauffer à feu moyen jusqu'aux premiers frémissements en remuant. Retirer du feu et laisser tiédir 10 minutes. Remuer et laisser tiédir à nouveau 10 minutes.

3. Répartir le tapioca dans 12 verrines.

4. Dans un bol, mélanger les dés de mangue avec les bleuets. Répartir les fruits dans les verrines. Réfrigérer jusqu'au moment de servir.

5. Au moment de servir, garnir chacune des verrines de céréales.

Mousse au fromage et citron

Préparation : **15 minutes** • Réfrigération : **1 heure** • Quantité : **4 verrines**

80 ml (⅓ de tasse)
de sucre
·······
30 ml (2 c. à soupe)
de zestes de citron
·······
2 jaunes d'œufs
·······
1 contenant de
fromage à la crème
de 250 g, ramolli
·······
180 ml (¾ de tasse) de
crème à fouetter 35 %
·······

6 biscuits Graham
·······
15 ml (1 c. à soupe)
de cassonade
·······
15 ml (1 c. à soupe)
de beurre fondu
·······
30 ml (2 c. à soupe)
d'amandes hachées
·······

1. Dans un bol, fouetter le sucre avec
les zestes et les jaunes d'œufs jusqu'à l'obtention d'une préparation crémeuse. Ajouter
le fromage à la crème et fouetter 1 minute.

2. À l'aide du batteur électrique, fouetter
la crème jusqu'à l'obtention de pics fermes.
Incorporer au mélange au fromage à la crème
en pliant délicatement la préparation à l'aide
d'une spatule. Répartir dans quatre verrines
et réfrigérer 1 heure.

3. Écraser les biscuits à l'aide d'un pilon.
Dans un bol, mélanger les biscuits écrasés
avec la cassonade, le beurre et les amandes.
Cuire au micro-ondes à haute intensité de
2 à 3 minutes. Laisser tiédir. Répartir sur
les verrines.

Mousse moka

Préparation : **15 minutes** • Réfrigération : **2 heures** • Quantité : **4 verrines**

170 g de chocolat
mi-sucré
....
45 ml (3 c. à soupe)
de café noir corsé
....
4 jaunes d'œufs
....
45 ml (3 c. à soupe)
de sucre
....
250 ml (1 tasse)
de crème
à fouetter 35 %
....

1. Dans un bain-marie, faire fondre le chocolat à feu doux. Incorporer le café. Retirer du feu et laisser tiédir.

2. Dans un bol, fouetter les jaunes d'œufs avec le sucre jusqu'à ce que le mélange blanchisse.

3. Incorporer le chocolat fondu en soulevant délicatement la préparation avec une spatule.

4. À l'aide du batteur électrique, fouetter la crème jusqu'à l'obtention de pics fermes. À l'aide d'une spatule, incorporer délicatement les trois quarts de la crème fouettée à la préparation précédente.

5. Répartir la mousse dans les verrines. Décorer chacune des portions avec le reste de la crème fouettée. Réserver au frais de 2 à 3 heures avant de servir.

Coupes glacées aux mini-brownies et caramel à la fleur de sel

Préparation : **15 minutes** • Quantité : **12 verrines**

12 mini-brownies du commerce

500 ml (2 tasses) de crème glacée à la vanille

180 ml (¾ de tasse) de sauce caramel au beurre ou de coulis au caramel

5 ml (1 c. à thé) de fleur de sel

80 ml (⅓ de tasse) de pacanes grillées hachées

1. Couper les brownies en morceaux et les répartir dans 12 verrines.

2. Ajouter de 2 à 3 mini-boules de crème glacée.

3. Au besoin, chauffer la sauce caramel au micro-ondes. Napper chacune des portions de sauce. Parsemer de fleur de sel et de pacanes.

Piña colada à l'érable

Préparation : **35 minutes** • Réfrigération : **2 heures 30 minutes** • Quantité : **de 4 à 6 verrines**

**POUR LA GELÉE
À L'ÉRABLE :**

1 sachet de gélatine
sans saveur de 7 g
....
180 ml (¾ de tasse) d'eau
....
250 ml (1 tasse) de sirop
d'érable
....

**POUR LES ANANAS
AU RHUM :**

15 ml (1 c. à soupe)
de beurre
....
250 ml (1 tasse)
d'ananas coupé en dés
....
30 ml (2 c. à soupe)
de sucre d'érable
....

60 ml (¼ de tasse)
de rhum brun
....
5 ml (1 c. à thé) de vanille
....

**POUR LA CRÈME
COCO-ÉRABLE :**

125 ml (½ tasse) de
crème à fouetter 35 %
....
45 ml (3 c. à soupe)
de lait de coco
....
60 ml (¼ de tasse)
de noix de coco
non sucrée râpée
....
30 ml (2 c. à soupe)
de sucre
....
Flocons d'érable
au goût
....

1. Mélanger la gélatine avec l'eau. Laisser
gonfler 5 minutes.

2. Dans une casserole, porter le sirop d'érable à ébullition. Incorporer l'eau contenant
la gélatine. Retirer du feu et laisser tiédir.
Répartir dans les verrines. Réfrigérer 2 heures.

3. Dans une poêle, faire fondre le beurre
à feu moyen. Cuire l'ananas avec le sucre
de 2 à 3 minutes.

4. Ajouter le rhum et la vanille. Cuire de
2 à 3 minutes à feu doux-moyen. Laisser
tiédir, puis réfrigérer de 30 à 40 minutes.

5. Répartir la préparation à l'ananas dans
les verrines.

6. À l'aide du batteur électrique, fouetter
la crème jusqu'à l'obtention de pics fermes.
Incorporer le lait de coco, la noix de coco
râpée et le sucre. Fouetter 30 secondes.

7. Répartir dans les verrines et parsemer
de flocons d'érable.

Mochaccino de yogourt et brownies

Préparation : **20 minutes** • Cuisson : **10 minutes** • Quantité : **4 verrines**

POUR LES MINI-BROWNIES :

100 g de chocolat noir 70 %

30 ml (2 c. à soupe) de beurre

1 œuf

30 ml (2 c. à soupe) de crème sure

2 à 3 gouttes de vanille

80 ml (⅓ de tasse) de farine

60 ml (¼ de tasse) de sucre

POUR LE MOCHACCINO DE YOGOURT :

1 contenant de yogourt grec à la vanille de 500 g

180 ml (¾ de tasse) crème à fouetter 35 %

30 ml (2 c. à soupe) de sucre à glacer

125 ml (½ tasse) de café espresso ou de café fort tiède

10 ml (2 c. à thé) de cacao (facultatif)

1. Préchauffer le four à 205 °C (400 °F).

2. Dans un bain-marie, faire fondre le chocolat et le beurre. Incorporer l'œuf, la crème sure et la vanille.

3. Mélanger la farine avec le sucre. Incorporer à la préparation au chocolat.

4. Beurrer un moule à mini-muffins et y répartir la pâte. Cuire au four de 10 à 11 minutes. Laisser tiédir. Émietter les mini-brownies et répartir dans les verrines.

5. Répartir le yogourt dans les verrines. Réfrigérer.

6. À l'aide du batteur électrique, fouetter la crème avec le sucre à vitesse élevée jusqu'à l'obtention de pics fermes. Garnir chacune des portions de crème fouettée.

7. À l'aide d'une cuillère, napper chacune des portions de café fort. Si désiré, saupoudrer de cacao.

Explosion de fruits

Tels de petits bijoux

dans des écrins de verre,

framboises, fraises,

oranges, mangues, grenades

et pommes se combinent

à divers aliments gourmands

pour créer des desserts

débordant de couleurs

et de saveurs.

Mousse à la marmelade d'oranges

Préparation : **10 minutes** • Réfrigération : **1 heure** • Quantité : **4 verrines**

250 ml (1 tasse) de marmelade
d'oranges
....
125 ml (½ tasse) de crème
à fouetter 35 %
....
1 contenant de fromage
à la crème de 250 g, ramolli
....
45 ml (3 c. à soupe)
de sucre
....
4 feuilles de menthe
....

1. Dans quatre verrines, répartir 125 ml
(½ tasse) de marmelade.

2. À l'aide du batteur électrique, fouetter
la crème à vitesse élevée jusqu'à l'obtention
de pics fermes.

3. Dans un bol, mélanger le fromage à la
crème avec le reste de la marmelade et le
sucre. À l'aide d'une spatule, incorporer
la crème fouettée en pliant délicatement
la préparation. Répartir dans les verrines.
Réfrigérer 1 heure.

4. Au moment de servir, décorer chacune
des portions d'une feuille de menthe.

J'aime avec...

Une marmelade d'oranges maison

Laver, brosser et rincer soigneusement 1 kg (environ 2 ¼ lb)
d'oranges. Couper les extrémités et tailler les oranges en fines
tranches. Déposer les tranches dans une grande casserole et couvrir de 1 litre (4 tasses) d'eau. Porter à ébullition, baisser le feu
et laisser mijoter 1 heure. Égoutter, en réservant le liquide de
cuisson, et peser les fruits cuits. Ajouter le même poids de
liquide de cuisson et laisser reposer 12 heures au frais. Dans
une casserole, ajouter le même poids de sucre au mélange
orange-liquide de cuisson. Tout en remuant, porter à ébullition.
Laisser mijoter 30 minutes. Écumer et verser dans des pots.

Mousse au citron meringuée

Préparation : **40 minutes** • Réfrigération : **1 heure** • Quantité : **4 verrines**

3 œufs, blancs et jaunes séparés

125 ml (½ tasse) de sucre

30 ml (2 c. à soupe)
de fécule de maïs

250 ml (1 tasse) d'eau

80 ml (⅓ de tasse)
de jus de citron

30 ml (2 c. à soupe)
de zestes de citron

30 ml (2 c. à soupe)
de beurre

1 pincée de sel

POUR LA MERINGUE ITALIENNE :

160 ml (⅔ de tasse) de sucre

60 ml (¼ de tasse) de sirop
de maïs clair

60 ml (¼ de tasse) d'eau

3 blancs d'œufs

1,25 ml (¼ de c. à thé)
de crème de tartre

1. Fouetter les jaunes d'œufs avec le sucre jusqu'à ce que le mélange blanchisse.

2. Incorporer la fécule, l'eau, le jus et les zestes de citron. Verser dans une casserole. Chauffer à feu doux jusqu'aux premiers frémissements, sans cesser de remuer. Ne pas faire bouillir. Retirer du feu et incorporer le beurre. Transférer dans un bol et laisser tiédir 5 minutes, en remuant de temps en temps.

3. À l'aide du batteur électrique, battre les blancs d'œufs et une pincée de sel en neige ferme. Incorporer à la préparation précédente en pliant délicatement la préparation à l'aide d'une spatule.

4. Répartir la mousse au citron dans quatre verrines et réfrigérer 1 heure.

5. Dans une casserole, chauffer le sucre avec le sirop et l'eau à feu moyen, jusqu'à ce que la préparation atteigne 116 °C (240 °F) sur un thermomètre à bonbon.

6. Pendant ce temps, fouetter les blancs d'œufs et la crème de tartre à l'aide du batteur électrique, jusqu'à l'obtention de pics mous.

7. Incorporer le sirop en filet dès qu'il a atteint sa température en fouettant constamment. Toujours avec le batteur électrique, fouetter la préparation de 8 à 10 minutes à basse vitesse.

8. À l'aide d'une poche à pâtisserie ou d'une cuillère, former une boule de meringue sur chacune des portions de mousse. Faire dorer les meringues à l'aide d'un chalumeau à pâtisserie.

Le saviez-vous ?

Comment réussir une meringue classique

Première règle : utiliser des bols bien propres. Ceux en verre, en inox ou en cuivre sont à favoriser. Pour un résultat optimal, travailler avec des œufs à température ambiante et les casser un à la fois dans un petit récipient afin de s'assurer que le blanc est bien séparé du jaune. Transférer les blancs au fur et à mesure dans le grand bol. Pour une meringue onctueuse, ajouter 0,5 ml (⅛ de c. à thé) de crème de tartre par blanc d'œuf. Battre les blancs, puis ajouter graduellement le sucre seulement lorsqu'il y a apparition de pics mous. Et surtout, éviter de trop battre !

Mousse au fromage et framboises

Préparation : 15 minutes • Quantité : 4 verrines

250 ml (1 tasse) de chapelure
de biscuits Graham
......
30 ml (2 c. à soupe)
de sucre d'érable
......
1,25 ml (¼ de c. à thé)
de cannelle
......
375 ml (1 ½ tasse)
de framboises fraîches
......
60 ml (¼ de tasse) de sucre
......
1 contenant de fromage
à la crème de 250 g, ramolli
......
125 ml (½ tasse) de yogourt
grec à la vanille
......
Quelques feuilles
de menthe
......

1. Dans un bol, mélanger la chapelure avec le sucre d'érable et la cannelle. Répartir dans quatre verrines et presser la préparation.

2. Réserver 8 framboises. Dans le contenant du robot culinaire, émulsionner le reste des framboises avec 30 ml (2 c. à soupe) de sucre, jusqu'à l'obtention d'un coulis.

3. Dans le contenant du robot culinaire nettoyé, mélanger le fromage à la crème avec le yogourt et le reste du sucre. Incorporer 45 ml (3 c. à soupe) de coulis de framboises.

4. Garnir les verrines avec la moitié de la préparation au fromage à la crème. Répartir le coulis dans les verrines. Couvrir avec le reste de la préparation au fromage à la crème.

5. Décorer avec les framboises réservées et des feuilles de menthe.

J'aime parce que...

La framboise : bonne au goût, bonne pour nous !

Belle et bonne, la framboise est un véritable trésor nutritionnel. D'abord, elle est particulièrement riche en fibres : une portion de 125 ml (½ tasse) contient plus de fibres qu'une tranche de pain de blé entier et correspond à environ 20 % de l'apport quotidien recommandé. De plus, la framboise regorge d'antioxydants ; un de ses composés serait d'ailleurs plutôt efficace pour réduire le taux de cholestérol et contribuer ainsi à la prévention des maladies cardiovasculaires. Finalement, ce petit fruit est aussi source de fer : 125 ml (½ tasse) de framboises fournit autant de fer qu'une même quantité d'épinards crus, mais quatre fois plus de vitamine C, élément essentiel à l'absorption du fer. Alors, bourrez-vous la fraise... de framboises !

Fraises au vinaigre balsamique et mascarpone

Préparation : **15 minutes** • Réfrigération : **1 heure** • Quantité : **4 verrines**

4 feuilles de basilic

....

POUR LES FRAISES :

30 ml (2 c. à soupe)
de vinaigre balsamique

....

60 ml (¼ de tasse) de miel

....

15 ml (1 c. à soupe)
de basilic frais haché

....

500 ml (2 tasses) de fraises
coupées en quatre

....

POUR LA CRÈME
DE MASCARPONE :

125 ml (½ tasse) de crème
à fouetter 35 %

....

80 ml (⅓ de tasse)
de sucre à glacer

....

1 contenant de mascarpone
de 275 g

....

1. Dans un grand bol, mélanger le vinaigre balsamique avec le miel et le basilic. Incorporer délicatement les fraises. Couvrir et réfrigérer de 1 à 2 heures.

2. À l'aide du batteur électrique, fouetter la crème à haute vitesse jusqu'à l'obtention de pics fermes. Incorporer le sucre à glacer et le mascarpone à la crème fouettée en soulevant délicatement la préparation à l'aide d'une spatule.

3. Répartir les fraises dans quatre coupes. Garnir chacune des portions de crème au mascarpone et décorer d'une feuille de basilic.

Le saviez-vous ?

Le vinaigre balsamique convient aux desserts

Le vinaigre balsamique est utilisé pour aromatiser les sauces, les vinaigrettes ainsi que les marinades, mais on s'en sert aussi pour relever les viandes, les poissons et les légumes grillés. Avec son goût riche et légèrement sucré, sa faible acidité et sa texture sirupeuse, il peut même être utilisé pour donner une touche d'originalité aux desserts. Dans cette recette, non seulement il rehausse la saveur des fraises, mais en plus, il accentue leur magnifique couleur rubis.

Petits pots de crème irlandaise

Préparation : 25 minutes • Cuisson : 25 minutes
Réfrigération : 2 heures • Quantité : 4 verrines

POUR LA CRÈME :

375 ml (1 ½ tasse) de lait
....
125 ml (½ tasse)
de boisson à la crème
irlandaise (de type Bailey's)
....
8 jaunes d'œufs
....
80 ml (⅓ de tasse)
de sucre
....

**POUR LE COULIS
DE FRAMBOISES :**

375 ml (1 ½ tasse)
de framboises
....
15 ml (1 c. à soupe)
de jus de citron
....
15 ml (1 c. à soupe)
de miel
....

1. Préchauffer le four à 180 °C (350 °F).

2. Dans une casserole, porter à ébullition le lait avec la boisson à la crème irlandaise à feu moyen. Retirer du feu.

3. Dans un bol, fouetter les jaunes d'œufs avec le sucre de 1 à 2 minutes, jusqu'à ce que le mélange blanchisse.

4. Incorporer le lait chaud, puis filtrer à l'aide d'un tamis. Répartir dans quatre verrines allant au four. Déposer les verrines dans un grand plat creux allant au four. Verser de l'eau dans le plat jusqu'à mi-hauteur des pots. Cuire au four de 25 à 30 minutes, jusqu'à ce que la préparation soit prise.

5. Déposer les pots sur une grille. Laisser tiédir, puis réfrigérer de 2 à 3 heures.

6. Pendant ce temps, préparer le coulis. Dans le contenant du mélangeur, émulsionner 250 ml (1 tasse) de framboises avec le jus de citron et le miel de 2 à 3 minutes. Filtrer à l'aide d'un tamis. Répartir dans les pots et réserver au frais jusqu'au moment de servir.

7. Décorer chacune des portions de framboises.

Mousse choco-citron

Préparation : 20 minutes • Quantité : 12 verrines

4 à 5 biscuits secs
au chocolat
(de type M. Christie)

60 g de chocolat noir
70 % (facultatif)

**POUR LA MOUSSE
CHOCO-CITRON :**

2 citrons

125 ml (½ tasse) de sucre

3 œufs

60 g de chocolat
blanc, râpé

180 ml (¾ de tasse)
de beurre coupé en dés

1. Prélever les zestes et le jus des citrons. Dans un bol, mélanger le sucre avec les zestes. Ajouter les œufs et fouetter.

2. Dans une casserole, verser le jus de citron et déposer le chocolat. Ajouter la première préparation. Chauffer jusqu'aux premiers frémissements en fouettant. Retirer du feu et ajouter le beurre. Remuer jusqu'à ce qu'il soit fondu.

3. Réduire les biscuits en miettes et répartir dans les verrines. Couvrir de mousse au citron et réfrigérer.

4. Si désiré, faire fondre le chocolat noir au bain-marie ou au micro-ondes. Verser le chocolat fondu dans un petit sac de plastique (de type Ziploc). Presser de manière à pousser le chocolat dans l'un des coins. Percer un petit trou dans ce coin. Sur une feuille de papier parchemin, dessiner 12 formes au choix en pressant doucement sur le chocolat. Laisser figer au frais. Au moment de servir, déposer une décoration en chocolat sur chacune des verrines.

Bagatelle aux fraises,
sauce à l'orange

Préparation : **15 minutes** • Quantité : **4 verrines**

2 jaunes d'œufs
....
250 ml (1 tasse)
de jus d'orange
....
80 ml (⅓ de tasse)
de sucre
....
15 ml (1 c. à soupe)
de fécule de maïs
....
15 ml (1 c. à soupe)
de zestes d'orange
....
180 ml (¾ de tasse)
de mascarpone
....
500 ml (2 tasses)
de gâteau des anges
coupé en dés
....
500 ml (2 tasses)
de fraises
....

1. Dans une casserole, fouetter les jaunes d'œufs avec le jus d'orange, 60 ml (¼ de tasse) de sucre, la fécule de maïs et les zestes. Porter à ébullition à feu moyen en fouettant.

2. Dans un bol, mélanger le mascarpone avec le reste du sucre jusqu'à l'obtention d'une préparation homogène.

3. Répartir la moitié du gâteau, des fraises, du mascarpone et de la sauce dans les verrines. Répéter pour former un deuxième étage.

Flan au yogourt, mangue et grenade

Préparation : **15 minutes** • Réfrigération : **1 heure** • Quantité : **4 verrines**

½ mangue
....
1 sachet de gélatine sans saveur de 7 g
....
60 ml (¼ de tasse) d'eau
....
60 ml (¼ de tasse) de jus d'orange
....
500 ml (2 tasses) de yogourt à la vanille (de type méditerranéen)
....
180 ml (¾ de tasse) de grains de grenade
....
30 ml (2 c. à soupe) de miel
....
4 feuilles de menthe
....

1. Couper la mangue en dés.

2. Faire gonfler la gélatine dans l'eau de 2 à 3 minutes.

3. Verser le jus d'orange dans la gélatine et chauffer au micro-ondes 1 minute. Remuer.

4. Incorporer cette préparation au yogourt. Ajouter les deux tiers des fruits, remuer et répartir dans quatre verrines. Réfrigérer de 1 à 2 heures.

5. Mélanger le miel avec les fruits restants. Répartir sur chacune des portions et décorer de feuilles de menthe.

Sabayon pommes-poires à la Chartreuse

Préparation : **30 minutes** • Quantité : **12 verrines**

2 pommes vertes

2 poires

30 ml (2 c. à soupe) de miel

15 ml (1 c. à soupe) de jus de lime

10 ml (2 c. à thé) de zestes de lime

POUR LE SABAYON :

4 jaunes d'œufs

80 ml (⅓ de tasse) de sucre

30 ml (2 c. à soupe) de Chartreuse verte

½ contenant de fromage à la crème de 250 g, ramolli

60 ml (¼ de tasse) de pistaches hachées

1. Peler et couper les pommes ainsi que les poires en petits dés. Déposer dans un bol. Incorporer le miel, le jus et les zestes de lime. Répartir dans 12 verrines.

2. Dans le récipient supérieur d'un bain-marie, fouetter les jaunes d'œufs avec le sucre et la Chartreuse. Déposer le récipient sur une casserole d'eau frémissante et fouetter au batteur électrique de 8 à 10 minutes, jusqu'à l'obtention d'une crème onctueuse. Retirer du feu et, à l'aide du batteur électrique, incorporer le fromage à la crème. Mélanger jusqu'à ce que le fromage soit fondu. Répartir le sabayon dans les verrines.

4. Au moment de servir, garnir chacune des portions de pistaches.

Sorbet minute aux framboises

Préparation : **10 minutes** • Quantité : **4 verrines**

½ sac de fraises
surgelées de 600 g
·······
½ sac de framboises
surgelées de 600 g
·······
250 ml (1 tasse)
de yogourt glacé
à la vanille
·······
80 ml (⅓ de tasse)
de sucre
·······
15 ml (1 c. à soupe)
de jus de citron
·······

1. Déposer les ingrédients dans le contenant du mélangeur. Émulsionner quelques minutes. Si les fruits ont du mal à être broyés, remuer avec une cuillère de bois et émulsionner de nouveau.

2. Répartir le sorbet dans les verrines. Servir aussitôt.

Index des recettes